LE GUIDE DI RIZA

Scienze & Salute

Vittorio Caprioglio

Il linguaggio del corpo

RIZA

Edizioni Riza S.p.A.
via Luigi Anelli, 1 - 20122 Milano
www.riza.it

Copertina: Valentina Turco
Illustrazioni: Isabella Cavasino
Impaginazione: Paolo Vass

2ª ristampa

Indice

Introduzione

La comunicazione umana non si svolge soltanto attraverso le parole, ma anche tramite i gesti, le posizioni, gli atteggiamenti, le distanze...

Giocare con la collana, toccarsi il naso, aggiustarsi un polsino e numerosi altri comportamenti simili, sono segnali che produciamo senza sosta, in modo del tutto inconscio e senza motivo apparente. Tuttavia, è anche sulla base di queste azioni involontarie che sviluppiamo sentimenti di attrazione, diffidenza o disagio.

Lo psicologo Albert Mehrabian, studioso della comunicazione non verbale, ha stabilito che soltanto il 7% di tutte le informazioni che ci arrivano da un discorso passa attraverso le parole; il restante, che è comunicazione non verbale, si divide in un 38% che ci perviene dal tono della voce, e un 55% che arriva dai segnali di mani, braccia, gambe, piedi ecc.

L'antropologo Ray Louis Birdwhistell ha poi constatato che, mediamente, in una giornata non parliamo per più di dieci, dodici minuti, e che una frase media non dura più di dieci secondi e mezzo. Inoltre, sulla base delle sue valutazioni, ha stabilito che il 65% della comunicazione interpersonale si attua attraverso "la via del corpo".

In pratica, il corpo parla, ma non sempre ne comprendiamo il linguaggio e spesso ne fraintendiamo i messaggi. Se correttamente codificato, tale linguaggio può invece risultare molto eloquente e raccontare emozioni, stati d'animo, desideri, affinità. E capirne i meccanismi significa entrare in sintonia maggiore con noi stessi e gli altri, per vivere meglio i rapporti con il partner, la famiglia, i colleghi, gli amici...

Oggi, grazie a questo libro, semplice, completo e innovativo, possiamo imparare a comprendere il corpo e ciò che esprime, per conoscerci un po' di più e diventare maggiormente consapevoli di cosa, gesticolando, comunichiamo agli altri, e che tipo di messaggi gli altri inviano a chi li circonda.

Scritto da Vittorio Caprioglio, medico e psicoterapeuta, direttore generale dell'Istituto Riza di Medicina Psicosomatica, "Il linguaggio del corpo" raccoglie i contributi di numerosi e validi collaboratori: Maria Ceriani, Paola de Vera d'Aragona, Gabriella Fuschini, Giovanni Oliva, Maria Grazia Parisi, Antonio Turetta, Fabio Vicinelli.

La comunicazione non verbale

Una chiave di lettura del corpo

«Non sono impeccabile, perchè la mia vita non è mai stata impeccabile. Non sono perfettamente equilibrato, perchè non sempre i miei sentimenti sono equilibrati. Non sono simmetrico, perchè le mie azioni non sono simmetriche. La mia forza muscolare non è egualmente proporzionata in tutto il mio corpo, come i miei interessi non sono distribuiti egualmente nella mia vita. In un certo senso, il mio corpo è simile a quello della Terra, che, con le montagne, le valli, i letti dei fiumi e la topografia irregolare racconta la sua storia e la sua creazione, come il mio corpo esprime le prove e i cambiamenti creativi di cui ho fatto esperienza nel corso della mia vita. Ogni aspetto del mio corpo riflette un aspetto distinto del mio Io che, estendendosi dalla mia anima e incarnandosi nel corpo, incontra le passioni e le sfide con cui sono continuamente impegnato. Nel tentativo di esplorare il terreno della mia vita e del mio essere, ho scoperto che il mio corpo e la mia mente sono l'uno l'immagine riflessa dell'altra, e che le emozioni e le esperienze formative della mia personalità hanno influito sulla formazione e sulla strutturazione dei miei muscoli e dei miei tessuti. Via via che divenivo più consapevole della mia storia e del regno delle possibilità che essa rivela, imparavo a comprendere alcuni dei modi in cui tali relazioni corpo-mente possono venire scoperte, esaminate e migliorate».Così scrive Ken Dychtwald, uno tra gli studiosi americani più noti di tecniche corporee. Egli mette in evidenza la necessità, per comprendere il significato delle posture e dei movimenti corporei, di allargare lo sguardo e utilizzare una visione d'insieme capace di integrare la gestualità con un utilizzo "soggettivo" del corpo, con la nostra storia, la situazione emotiva che stiamo vivendo in quell'istante...

Lo sguardo d'insieme

I diversi distretti corporei infatti raccontano ognuno un pezzetto della nostra storia, ma la trama di questo racconto si può cogliere solo guardando le cose come una totalità. In un modo di camminare, sedersi, gesticolare... è riassunta tutta una vita; possiamo rendercene conto solo guardando la "gestalt", ovvero l'immagine globale. «Il carattere dell'individuo, che si manifesta nel comportamento, è ritratto sul piano somatico dalla forma e dal movimento del corpo. La somma totale delle tensioni muscolari viste come un tutto unico costituisce "l'espressione corporea" dell'organismo». Così scrive Alexander Lowen (1910-), il fondatore della Bioenergetica, ribadendo come la lettura del corpo sfugga ai processi analitici; non è sezionando con il bisturi dell'Io che si giunge a comprendere i messaggi dell'organismo... è piuttosto l'immagine d'insieme, la gestalt appunto, che offre la via verso la sintesi e il senso delle cose. Il corpo parla il linguaggio aurorale della "reverie", della sensazione, del sogno e dell'immaginario; così, un corpo seduto o in movimento condensa ed esprime tutto il nostro modo di essere...

Come nascono i condizionamenti

Da piccoli abbiamo infinite possibilità di movimento e un bambino è portato a utilizzarle tutte quante; via via che cresce, comincia a muoversi in un certo modo, simile in tutto e per tutto alla personalità che manifesta. Mano a mano che diventa adolescente e poi adulto, va progressivamente a privilegiare movimenti e comportamenti che costituiranno un modo di essere e di muoversi nel mondo unico. Ma se ogni movimento ha un corrispettivo mentale, escluderne uno equivarebbe all'escludere il risvolto psicologico corrispondente: le abitudini, per esempio, possono far perdere alcune possibilità articolari tanto quanto, a livello psicologico, atteggiamenti monotoni e ripetitivi limitano le capacità espressive.

Anche Georg Groddeck (1866-1934), famoso medico-scrittore tedesco da tutti considerato il "padre" della psicosomatica, conferma a questo proposito il rapporto esistente tra l'individuo e il movimento: «La scarsità di movimenti ampi delle articolazioni, soprattutto di movimenti di estensione, comportano l'irrigidimento di certi nervi che rendono dolorosa la libertà di movimento [...]. Qualora siano presenti tali fenomeni – ed essi si manifestano in quasi tutte le persone già a partire dalla giovinezza – il corpo evita istintivamente una serie di movimenti».

I muscoli si trasformano in corazza

Secondo Wilhelm Reich (psicoanalista, 1897-1957), fondatore della Vegetoterapia e grande studioso delle dinamiche espressive del corpo, i blocchi che condizionano i movimenti corporei sono da imputare a una sorta di repressione imposta dalla mente.

Nel tentativo di evitare l'espressione dei propri impulsi, di trattenere la rabbia, il pianto o la paura, il bambino contrae la muscolatura e inibisce la sua spontanea mobilità.

Si viene così a creare una sorta di armatura, sia caratteriale che muscolare, che limita il movimento. L'armatura nasce a scopo difensivo, per evitare esperienze spiacevoli, ma impedisce anche un reale contatto con le proprie emozioni e con il mondo esterno.

A livello caratteriale, l'armatura si presenta con una serie di atteggiamenti non spontanei, di modi di reagire stereotipati, di chiusure, di mancanza di vitalità; a livello muscolare si manifesta con modi di muoversi altrettanto rigidi e stereotipati, in definitiva si rivela una perdita dell'uso spontaneo del corpo.

Il movimento esprime coraggio e richiede libertà

Reich ritiene che il nostro corpo sia preso tra due fuochi, due tendenze opposte: la sessualità e l'angoscia. La sessualità è una corrente di energia che tende a scaricarsi ed espandersi, ad andare dall'interno all'esterno, a raggiungere il soddisfacimento; esprime dinamismo.

L'angoscia è il suo esatto opposto, è la tendenza alla contrazione, alla chiusura, al ritiro, all'irrigidimento, alla stasi. Quando prende il sopravvento, il corpo si cala in uno stato cronico di difesa.

Anche Groddeck nel suo libro *Questione di donna* parla di due forze che si contrappongono: l'una viene definita la parte "barbara", ed è descritta come propulsiva, vitale, rappresenta il movimento, il coraggio, il sentimento; l'altra frena e allude alla vecchiaia, alla rigidità, alla paura: rappresenta – scrive l'Autore – l'impero bizantino "decadente".

Il corpo ha un linguaggio segreto

Nel momento in cui le emozioni affiorano, accanto alla comunicazione ordinaria, fatta di gesti e parole noti, se ne affaccia dunque un'altra: quella sotterranea che nasce dall'inconscio. Allora vi sarebbero due tipi di comunicazione: quella più usuale e conosciuta, per cui i gesti sono in qualche modo controllati, gestiti e "spiegati" dalla coscienza, e un'altra apparentemente senza senso, a volte sofferta ma certamente più spontanea e originale, che appartiene ai recessi biologici più profondi. Qui ogni gesto è un'emozione, ogni movimento rimanda a un linguaggio ancestrale nascosto in noi, a volte ambiguo e difficile da decifrare, ma sempre ricco di significati e di valenze simboliche.

In queste pagine ho puntato a proporre una chiave di lettura del corpo e del suo rapporto con lo spazio, che origina dalla visione psicosomatica a indirizzo simbolico che Riza ha sviluppato in questi anni, e ho raccolto gli spunti emersi dal lavoro di ricerca svolto in Istituto e realizzato con il contributo di numerosi validissimi collaboratori.

Ho osservato il corpo e le sue movenze per intuire cosa si nasconde dietro una camminata, un modo di sedersi, di gesticolare... Grazie a questo possiamo imparare a conoscerci un po' di più, ma possiamo anche diventare più consapevoli di cosa, gesticolando, comunichiamo agli altri e che tipo di messaggi gli altri inviano a chi li circonda.

Il linguaggio ancestrale del movimento

Il movimento è il linguaggio attraverso il quale un corpo rappresenta se stesso. Non solo: esso è espressione della vita stessa e segue alcune regole fondamentali: il ritmo, l'alternanza, l'armonia, il contrasto...

Al di là delle molteplici forme che assume, ogni movimento si caratterizza per alcuni tratti comuni. Si tratta dei cosiddetti movimenti *radice*, ossia di quelle azioni basilari che si ritrovano all'origine di qualsiasi atto motorio. In particolare, possiamo dire che qualsiasi atto motorio è formato da due momenti primari, antitetici eppure complementari: il "raggruppamento" e la "dispersione". Essi rappresentano le due direzioni opposte lungo le quali scorre l'energia (dentro/fuori, apro/chiudo, trattengo/lascio andare ecc.): alternandosi e mescolandosi una con l'altra, esse danno origine non solo al movimento, ma al pulsare stesso del ritmo vitale. Vediamo qualche esempio: se allunghiamo il braccio per prendere un oggetto, stiamo "disperdendo" nell'allungamento e "raggruppando" nell'afferrare l'oggetto; allo stesso modo, nel camminare "disperdiamo" portando il piede e la gamba in avanti, e "raggruppiamo" nello spostamento di peso che ci permette di riavvicinare la gamba al corpo, per poi portarci nuovamente a "disperdere" con l'altra gamba nel passo successivo; o ancora, se ci rannicchiamo per saltare, stiamo "raggruppando", mentre nel balzo vero e proprio andremo a "disperdere".

Anche gli organi hanno un ritmo

Se questo principio è valido per i movimenti "esterni" del corpo, lo è altrettanto per i movimenti "interni", ossia quelli legati alla fisiologia degli organi, dei tessuti, delle cellule e così via. Ogni parte del corpo umano, infatti, dalla più piccola alla più grande, nasce, vive e muore secondo le regole di un proprio ritmo vitale fatto di opposti che si alternano (apertura e chiusura, raggruppamento e dispersione ecc.). Guardando i movimenti interni del corpo, noteremo allora la ritmicità delle sistole e delle diastole del cuore (che si comprime e si dilata), i polmoni che ritmicamente inspirano ed espirano, l'intestino che con la sua ritmica assunzione ed eliminazione di cibo raggruppa e disperde la materia, così come l'aprirsi e il chiudersi delle palpebre o, in tempi più lunghi, dell'utero che mestrua.

Un "solve et coagula" universale

Il valore simbolico del "raggruppare e disperdere" sotteso a ogni movimento si ritrova appieno anche nei rituali di tutte le tradizioni: per esempio il sacerdote che apre e chiude le braccia, innalza e riabbassa l'offerta, si prostra e si rialza...

"Raggruppare e disperdere" è anche il principio motorio e vitale che regola i diversi "Regni" esistenti in natura: a partire dal mondo animale (vedi per esempio il balzo della tigre), i cui principi di funzionamento possono facilmente essere ricondotti al mondo umano; al regno vegetale che, seppure con tempi, modalità e ritmi diversi, "raggruppa" nel seme e "disperde" nell'infiorescenza e nel frutto; per arrivare infine, in modo ancora diverso, al mondo minerale, dove le sostanze per millenni si "condensano" per poi "sfaldarsi".

In ultimo, raggruppare e disperdere altro non sono che il "solve" e il "coagula" degli Alchimisti, nonché le "condensazioni" e le "dissipazioni" proprie della Tradizione taoista. Oltre a costituire le radici funzionali e simboliche del movimento, essi sembrano dunque corrispondere a un vero e proprio principio che rappresenta la vita stessa.

I diversi volti del movimento

Da un punto di vista qualitativo è possibile distinguere i diversi tipi di movimento in varie categorie. Tra le principali, troviamo innanzitutto il movimento "funzionale", ossia un movimento che si pone una finalità materiale ben precisa: allungare il braccio per afferrare un oggetto, camminare per recarsi in un luogo, saltare un ostacolo, girare il capo per guardare qualcosa... Tale movimento è guidato dalla razionalità e si sviluppa secondo uno scopo, una direzione, un tempo e un'energia definiti.

Il movimento "espressivo", al contrario, ha come scopo quello di rivelare o veicolare uno stato d'animo, un'emozione... diremo che si tratta di un movimento più sottile, che parla della dimensione interiore di un individuo. Anche il movimento funzionale parla a suo modo del soggetto, perché vi sono comunque infinite maniere in cui lo si può eseguire e ogni persona lo fa a modo suo, unico e irripetibile; ciò nonostante, rimane centrale al suo svolgimento il fine materiale che si propone.

Il movimento funzionale è detto anche "primario". Il movimento "secondario" è quel movimento, o serie di micro-movimenti, che accompagna ogni movimento primario. Su questi movimenti l'Io, tutto impegnato nella realizzazione del movimento primario, non riesce ad avere presa alcuna. Questi movimenti per così dire "fuori controllo" sono dunque quelli che "raccontano" più notizie a proposito del soggetto, rivelando di lui anche gli aspetti più nascosti. Laban li chiamerà "movimenti ombra" e poiché si innescano e funzionano a livello inconscio, essi sono la manifestazione più facilmente evidente dei processi interiori del soggetto. Proprio per questo motivo, non è raro che i movimenti ombra "tradiscano" l'immagine che la persona vuole veicolare di sé al mondo, e forse a se stessa: la loro qualità e il messaggio che inviano sono infatti, spesso e volentieri, di segno diametralmente opposto a quanto viene invece trasmesso dal movimento primario o funzionale.

Si chiamano invece "movimenti forma" tutti quegli atti motori legati in qualche modo sia a una funzione sia all'espressione creativa. Per essere considerati tali, essi devono inoltre presentare un inizio, uno svolgimento e una fine: sono cioè dei movimenti che rimangono "chiusi" e conclusi in una forma ben precisa, tanto da risultare potenzialmente ripetibili all'infinito e sempre uguali a se stessi. Spesso sono movimenti derivati da (o "appartenenti a") una tecnica, per esempio la danza, e sono per lo più armoniosi, legati a un paradigma estetico: il "movimento forma" viene detto quindi "apollineo", perché fa dell'armonia e dell'equilibrio la propria base fondamentale.

I "movimenti non-forma", al contrario, sono movimenti liberi, senza alcuno scopo cosciente e senza alcun "percorso" motorio lineare: sono movimenti difficilmente ripetibili, che non appartengono a nessuna tecnica e che nascono dal profondo. Anche questi, dunque, come i "movimenti-ombra", ci rivelano qualcosa di importante, e spesso "nascosto", del soggetto che li compie.

La comunicazione corporea o non verbale

Fin dalla nascita, ancor prima di iniziare a parlare, ognuno di noi impara a esprimere se stesso e a relazionarsi con la realtà esterna tramite il movimento. Il nostro modo di muoverci, le nostre azioni e i nostri gesti "si imbevono" di tutto ciò di cui siamo fatti e diventano la carta di identità con cui ci presentiamo al mondo, vale a dire il nostro canale di comunicazione più immediato.

Con il nostro corpo e il linguaggio che gli è proprio noi rappresentiamo la nostra persona e la mostriamo agli occhi di chi ci osserva.

Pur tentando continuamente di nascondere a noi stessi e agli altri ciò che sentiamo, il nostro corpo è decisamente più sincero e spesso contraddice le parole "di copertura", raccontando la verità anche quando vogliamo mentire. Così i nostri sentimenti più segreti, quelli che non vorremmo mai confessare a nessuno, si manifestano e saltano all'occhio, magari solo per un piccolo movimento, per uno sguardo o per un respiro che ci tradisce. Immobile o in moto, il corpo rappresenta infatti una vera e propria fucina di segnali, che lavora ininterrottamente producendo indizi; tanto che una semplice corsa sulla spiaggia o un improvviso scatto dalla sedia possono rivelare molto più (e di più intimo...) di quanto un'ora di dialogo potrebbe far emergere.

Comprendere il linguaggio del corpo diventa allora un importante strumento di conoscenza. Proprio a questo scopo recentemente è nata la *cinesica*, una nuova scienza che si propone di studiare e capire tutti i movimenti del corpo, dai più involontari ai più coscienti, in modo da codificare e rendere "accessibili" le preziose informazioni che questa affascinante "grammatica" può fornirci. Come ho già detto in precedenza, la grammatica del corpo risulta più facilmente riconoscibile nei bambini, perché non hanno ancora sviluppato le difese e i condizionamenti tipici dell'adulto. Guardando un bambino che si muove, non sarà difficile cogliere una palese tensione del corpo che mette spontaneamente in atto in particolari circostanze: la sua reazione infatti è innanzitutto fisica. L'impatto delle situazioni e degli eventi viene quindi assorbito e, se necessario, attutito, non tanto a livello mentale, ma soprattutto tramite il corpo.

Durante la crescita, questa attitudine si riduce progressivamente, pur non scomparendo mai del tutto. Esistono infatti parti del corpo che, nonostante l'andare del tempo, non sono soggette al controllo cosciente. Le pupille, per esempio, di fronte a un evento piacevole hanno sempre la stessa reazione: si dilatano. In questo caso, dunque, e in accordo con i principi del "raggruppare e disperdere", il piacere provoca una dilatazione, mentre il dolore è causa di una contrazione.

I gesti del mondo

Etnologi e sociologi, studiando il significato dei gesti in quasi tutti i Paesi, li hanno classificati in due ampie categorie: i gesti cosiddetti "convenzionali" (quelli di saluto, cortesia ecc.) e quelli "di espressione" (che esprimono le emozioni fondamentali, quali per esempio la collera, la gioia, il dolore ecc). I primi variano a seconda dei Paesi, in modi talvolta curiosi (pensiamo ai tibetani, che per salutarsi tirano fuori la lingua...), e arrivano a rappresentare messaggi anche opposti a seconda del luogo (i bulgari, per esempio, per dire di sì scuotono la testa da destra a sinistra, mentre noi la chiniamo dall'alto al basso).

Per quanto riguarda le espressioni delle emozioni primarie, invece, il discorso è esattamente al contrario: quando si tratta di esprimere gioia o dolore, si hanno reazioni identiche in tutti gli esseri umani, senza distinzioni di razza, religione o cultura.

Lo sosteneva già nell'Ottocento Charles Darwin (1809-1882), naturalista inglese, e lo hanno dimostrato più di recente due ricercatori californiani, Paul Ekman e Wallace V. Friesen.

Secondo i due esperti, c'è in noi uno stesso programma nervoso che lega una certa emozione a particolari movimenti dei muscoli facciali: il nostro cervello sarebbe dunque programmato in modo che, quando siamo felici, si alzano automaticamente gli angoli della bocca e, quando siamo scontenti, si verifica il contrario.

L'immagine corporea

Come abbiamo visto, il movimento è il modo usato dal corpo per esprimere se stesso e porsi in relazione con il mondo. Attraverso il corpo e i suoi movimenti, in ogni istante noi diciamo qualcosa di noi. Il nostro modo di muoverci, però, dipende non soltanto da chi siamo, ma anche e soprattutto da chi crediamo di essere: ossia dal nostro modo di "vederci" e valutarci. Questa percezione soggettiva di sé in riferimento al proprio corpo è ciò che viene comunemente definito l'"immagine corporea".

L'immagine corporea è l'immagine che ognuno di noi ha del proprio corpo: essa si struttura a partire da una base biologica "reale" (peso, altezza ecc.) unita al vissuto emotivo personale del proprio corpo e al "senso sociale" a esso attribuito, ossia alla sua relazione con l'ambiente. L'immagine corporea corrisponde quindi al modo in cui un soggetto vede, sente e immagina la propria figura corporea.

Tale percezione dipende da fattori di tipo cognitivo, affettivo, sensoriale e relazionale, che si intersecano gli uni agli altri per produrre una visione soggettiva di insieme.

Come nasce

L'immagine corporea è il risultato di tutte le esperienze "di vita" del nostro corpo.

Nei primi mesi dopo la nascita, il bambino non distingue tra ciò che appartiene al proprio corpo e ciò che invece fa parte della realtà esterna; tratta entrambe le cose allo stesso modo: si morde le dita sino a farsi male, si tira i capelli, stringe le mani come se fossero un giocattolo...

Solo verso i due anni comincia a conoscere il proprio corpo e può quindi iniziare a formarsene un'immagine: questa finirà di completarsi intorno ai sette anni e continuerà a evolvere per tutta la vita.

Lo sviluppo dell'immagine corporea è un processo laborioso e difficile. Soprattutto all'interno della nostra cultura, infatti, il suo sviluppo armonico viene spesso ostacolato dal sistema educativo, che fin da subito trasmette al bambino tutta una scala di valori in base alla quale egli impara che non tutte le parti del corpo sono uguali, ma che, al contrario, ne esistono di "nobili" (testa, busto, mani, braccia) e di meno "nobili" o tabù (per esempio il ventre, le natiche, gli organi sessuali).

Poiché l'immagine corporea è largamente influenzata da come noi pensiamo che il nostro corpo sia "visto" dagli altri, tale processo educativo comporta necessariamente dei "tagli", delle "negazioni" e delle "sopravvalutazioni" di pezzi, che difficilmente vengono integrati in un insieme armonico. Oltre a ciò, bisogna ricordarsi che l'immagine corporea è largamente influenzata dagli stati psichici ed emozionali del soggetto: a seconda del vissuto soggettivo, essa subisce ulteriori modifiche, che possono portarla a distanziarsi, a volte anche in modo radicale, dall'effettiva realtà del corpo.

Come si trasforma

La nostra immagine corporea dovrebbe costantemente evolversi accompagnandoci nelle nostre esperienze: nelle fasi di grande trasformazione, però, questo processo può incontrare, ancora una volta, notevoli difficoltà e intoppi che potrebbero provocare delle distorsioni.

Durante la pubertà o la gravidanza, per esempio, possono prodursi delle vere e proprie crisi di identità: si tratta di situazioni in cui il soggetto può avere difficoltà a percepire e successivamente ad assorbire certe trasformazioni del corpo nella propria immagine corporea, tanto che quest'ultima ne risulterà distorta o "non aggiornata".

Questa difficoltà a rimodellare la propria immagine di sé, e quindi ad accettare i cambiamenti, viene testimoniata dall'"effetto paradosso" che ottengono talvolta certe operazioni di chirurgia estetica: nonostante l'abbellimento procurato dall'intervento, spesso l'immagine corporea non riesce ad adattarsi al nuovo aspetto e finisce per non registrarlo, rendendo discutibili gli effetti dell'operazione...

La casistica clinica costituisce un'ulteriore verifica di come l'immagine corporea possa andare incontro a errori e distorsioni anche notevoli. Alcune patologie, per esempio, possono portare a un vero e proprio capovolgimento dei parametri reali dell'immagine corporea: è il caso del soggetto anoressico, che vede se stesso come troppo grasso e, ossessionato dall'idea della materia, è portato a svuotarsi continuamente e a non cibarsi; il soggetto obeso, al contrario, si sente talmente vuoto da doversi continuamente riempire di cibo. In altre situazioni, il vissuto del proprio corpo si svincola dai dati della realtà per andare ad ancorarsi alle distorsioni psichiche che la patologia comporta: si pensi alla sensazione di essere "pesantissimi" verbalizzata dai depressi; oppure al vissuto di "dissoluzione" e di "spezzettamento" del corpo tipico degli schizofrenici.

Il rapporto con lo spazio è un eccellente indicatore di come il soggetto percepisca se stesso e il proprio corpo. Lo spazio esterno, infatti, viene generalmente vissuto come estensione dello spazio interiore, ossia della propria individualità, e contemporaneamente come campo delle relazioni con gli altri. In esso si manifesta dunque pienamente il nostro modo di muoverci e di relazionarci con noi stessi e con il mondo, in accordo con le percezioni soggettive che la realtà interna e quella esterna di volta in volta ci comunicano. Di conseguenza, risulta evidente come il nostro rapporto con lo spazio dipenda fortemente dalla nostra immagine corporea.

Le evidenze sono numerose. Alcuni studiosi, per esempio, esaminando il modo di rapportarsi allo spazio di individui affetti da psicosi maniaco-depressiva, hanno rilevato quanto nella fase maniacale, ossia nella fase di euforia, questi avessero uno spazio peri-corporeo (quello utilizzato dal corpo per muoversi nell'ambiente) molto ampio, spesso "disperso", mentre nella fase depressiva lo spazio si restringeva drammaticamente, con il rischio continuo per la persona di sentirsi "calpestata" dagli altri.

Dilatando l'ottica di questi studi, si è potuto osservare come anche nell'individuo nevrotico o semplicemente "non integrato", lo spazio venga frequentemente vissuto in modo parziale, con interi piani spaziali ignorati o accuratamente evitati, quasi a voler significare (come di fatto accade...) che ci sono delle parti di sé che l'individuo nega o che comunque non si sente di "esplorare".

Come cambia con il movimento

Immagine corporea e movimento sono dunque strettamente collegati: la nostra immagine si modifica continuamente in relazione a ogni nostro cambiamento di stato e, viceversa, la qualità e la quantità di ogni nostro movimento dipendono in larga parte dall'immagine corporea presente. Questa costante interrelazione ha un significato profondo: il movimento, infatti, oltre a essere ciò che una persona "fa", diviene in questo modo anche e soprattutto ciò che "fa", ossia ciò che crea la persona stessa, con tutte le sue caratteristiche e la sua peculiare personalità. È ciò che alcuni autori hanno definito "l'essere genitori di se stessi".

Come vedremo successivamente, questo processo di interscambio tra ciò che effettivamente siamo e ciò che crediamo di essere dà origine a una vera e propria amalgama di corpo, pensieri ed emozioni che, dopo aver trovato una prima espressione nel movimento, trasforma le abitudini motorie prolungate in atteggiamenti posturali permanenti, e, in un processo di ulteriore e graduale "solidificazione", arriva a costruire il corpo delineandone i tratti e le caratteristiche peculiari (vedi, per esempio, discipline come la Fisiognomica o la Morfopsicologia che studiano i tratti del volto e le peculiarità del corpo per risalire alle caratteristiche della psiche).

I gesti "di tutti i giorni"

Non sono i gesti convenzionali né quelli di espressione che rivelano i segreti delle persone. Per capire i sentimenti più intimi e nascosti bisogna tenere sotto osservazione tutta un'altra gamma di segnali che il corpo emette, ossia i gesti della vita quotidiana: quei movimenti che a prima vista appaiono banali e trascurabili, ma che in realtà, se opportunamente notati, possono rivelarci numerosi aspetti del modo di essere di un individuo.

I gesti che compiamo nella vita di ogni giorno, dal più banale al più complesso, possono essere suddivisi in numerose categorie. Tra queste, due possono risultare particolarmente utili per una prima occhiata di insieme che ci permetta di cogliere alcune informazioni importanti: i gesti "primari" e i gesti "accidentali". I primi corrispondono ad atti comunicativi coscienti che intendono inviare espressamente un segnale: per esempio, quando si agita la mano per salutare, si intende comunicare all'altra persona il proprio benvolere, affetto, reverenza o quant'altro. I secondi, i gesti accidentali, non hanno invece come scopo primario la comunicazione, ma corrispondono piuttosto ad azioni "interiori", ossia rivolte principalmente a se stessi. Una regola molto semplice può aiutarci a capire come distinguere le due categorie. È infatti sufficiente provare a chiedersi: «Farei questo gesto se fossi completamente solo?». Se la risposta è no, allora si tratta di un gesto primario.

Noi non agitiamo la mano, non ci sbracciamo, non indichiamo qualcosa se non siamo in compagnia di qualcuno. Invece starnutiamo, ci laviamo, sbadigliamo... anche se siamo soli. E sono proprio questi gesti accidentali i più illuminanti perché, non pensando a essi come gesti rivolti a qualcuno, non li censuriamo né li manipoliamo attentamente come gli altri. Sono messaggi che non pensiamo di inviare, sono azioni che facciamo a nostro esclusivo beneficio, ma poiché non siamo sempre soli quando li compiamo, chi ci è vicino li può cogliere.

I gesti che ci tradiscono

Alcune parti del corpo ci tradiscono più facilmente di altre e sono quindi una preziosa fonte di informazioni: è il caso di gambe e piedi, due zone veramente "galeotte", perché raramente capita che una persona sia realmente consapevole di quanto i suoi arti inferiori stiano facendo. Generalmente però, mobili e scrivanie fanno la loro parte per nasconderli, ed è questa la ragione per cui spesso, nei colloqui di assunzione, si mette la sedia del candidato in mezzo alla stanza: la vittima di turno, in questo modo, non si può mascherare...

Anche le mani possono essere spie importanti. Tutti quei gesti che consistono nel portare la mano alla faccia (toccarsi il naso, sfregarsi il mento, far pressione sulle labbra, coprirsi la bocca, grattarsi un sopracciglio, ravviarsi i capelli) indicano che il soggetto sta vivendo un momento di stress. Può darsi allora che stia mentendo, che stia cercando di ingannare l'altro, ma può anche darsi semplicemente che stia vivendo una grande tensione, che cerca appunto di scaricare con un gesto apparentemente innocuo.

Dove si svelano i "segreti"

Oltre a rappresentare il tramite motorio ed espressivo dei contenuti psichici coscienti, il corpo è ciò che dà forma e consistenza agli stati emotivi profondi. Questo comporta che, attraverso i suoi movimenti, il corpo diviene il tramite espressivo dei contenuti inconsci negati e del "non detto". Tramite posture e movimenti involontari, così come attraverso particolari lapsus, il corpo può diventare il luogo delle rivelazioni e, a volte, della mistificazione del parlato.

Oltre a influenzare la quantità e la qualità del movimento, i processi inconsci danno anche origine ad alcune movenze completamente estranee alla razionalità. Questo avviene soprattutto quando l'inconscio si trova in una situazione di particolare contrasto con la parte più vigile e cosciente, per cui si hanno due spinte contrapposte provenienti dalle due parti. Una delle modalità di espressione tipiche di un inconscio che in qualche modo preme è, come dicevamo, il "lapsus corporeo".

I lapsus motori

Accanto al "lapsus verbale" esiste infatti il "lapsus motorio" descritto da Murphy. Questo Autore riporta come esempio l'aneddoto del ripetuto cadere della penna a un suo paziente mentre questi stava scrivendo l'assegno a saldo della terapia. Murphy interpretò questa particolare coincidenza come inequivocabile segno di aggressività nei suoi confronti e rielaborò dunque il fatto con il paziente, dandogli un foglio di carta su cui scrivere quello che sentiva: il paziente, dopo aver scritto dei numeri, iniziò a tracciare delle grandi X e poi a trafiggere con la penna il foglio di carta davanti a lui, manifestando così apertamente la sua aggressività, che prima aveva invece irrazionalmente espresso tramite il continuo cadere della penna. Vediamo un altro esempio. Un paziente era solito allungare verso il basso il proprio maglione ogni volta che doveva svolgere un esercizio o un'esperienza di contatto fisico temuta e che rappresentava per lui un grosso nodo conflittuale. Il suo era sicuramente un gesto molto significativo perché gli permetteva di fermarsi, di non vivere quel momento traumatizzante, di censurarlo inconsciamente mettendosi al sicuro. È da notare qui la modalità del gesto: il tirarsi giù il maglione, allungandolo a dismisura, serviva a quel soggetto per coprire le parti basse, gesto tanto più significativo in quanto eseguito in risposta a una richiesta di contatto e con un vissuto decisamente sessuofobico.

Anche il ripetuto urtare contro le cose in determinate circostanze assume un significato specifico. Questo lapsus motorio infatti compare spesso in presenza di fattori altamente destabilizzanti per il soggetto, che si trova a reagire con una padronanza e una modalità di occupazione dello spazio improvvisamente difettose, con una confusione spaziale che diventa spesso anche dolorosa (l'urtare).

Un altro gesto rivelatore tipico è l'atto di ravviarsi i capelli, che può assumere vari significati: per esempio lo si riscontra in momenti di grande ansia, in cui il conduttore si propone di infrangere simbolicamente certe rigidità attraverso movimenti molto liberi, "troppo" liberi per quel particolare soggetto. Questi gesti, infatti, lo mettono in contatto con una realtà potenzialmente più dinamica, ma anche più carica di insicurezza e pericoli.

In fase di rielaborazione, quel ravviarsi nervosamente i capelli fu verbalizzato da un soggetto come un «rimettersi a posto capelli e pensieri», diventando così il tentativo di far chiarezza e ordine...

I gesti che neutralizzano le emozioni

I gesti, dunque, servono a volte per ristabilire un equilibrio che è venuto a mancare, per dar voce a qualcosa che è rimasto troppo a lungo soffocato, per difendere dal pericoloso impatto di stati emotivi troppo violenti... In tutte queste situazioni, ciò che avviene è spesso un conflitto tra due forze dinamicamente in opposizione (raggruppare o disperdere, liberare o rinchiudere, accettare o negare ecc.). A causa di tale contrasto, capita allora che alcuni movimenti, pur partendo con una certa finalità espressiva, non riescano a raggiungerla, perché bruscamente bloccati dall'intento opposto. Una fermata improvvisa, l'atto di sedersi per poi subito alzarsi in piedi o un repentino cambiamento di ritmo, significano allora che esiste un'interferenza conflittuale, più o meno inconscia, con l'intenzione iniziale.

Altri indizi interessanti sull'interlocutore che ci sta di fronte possono derivare, per esempio, dalla quantità di energia da lui utilizzata. Così, un individuo particolarmente aggressivo che mantiene però repressa la sua aggressività, sarà riconoscibile per un costante eccesso di energia, che verrà espressa tanto nell'uso del movimento quanto nell'occupazione dello spazio. Ugualmente si verificherà con un soggetto esageratamente rigido. Al contrario, una persona che non sia veramente coinvolta (o che non voglia coinvolgersi) in una situazione, avrà un modo di muoversi costantemente "sottotono", con movimenti lenti, strascicati e animati da scarsa energia.

I movimenti empatici

Il livello di sincronia tra due o più persone impegnate in un'interazione reciproca è un altro importante "segnale" da decodificare. Durante una conversazione, per esempio, i movimenti sincronici sono quelli che indicano un grado crescente di coinvolgimento tra oratore e ascoltatore (annuire insieme con la testa, cambiare contemporaneamente posizione, prendere nello stesso momento il bicchiere ecc.). Più questo coinvolgimento è intenso, più si avrà l'impressione, osservando la situazione dall'esterno, che le persone coinvolte si muovano come se fossero... un'unica persona.

Al contrario, se tra due persone si evidenzia un movimento non sincronico, significa che non si condividono le idee o le affermazioni degli altri o si vuole affermare la diversità delle proprie.

Dimmi come cammini…

Passo dopo passo scopri chi sei

Il modo in cui camminiamo non è solo la conseguenza dei rapporti meccanici tra le ossa e i muscoli. È molto di più: è il risultato dello "stile" con cui ci spostiamo nello spazio. Stile retto da un principio ispiratore profondo, il nostro modo di essere, che traduce nella deambulazione la storia, la personalità, le voglie, le ambizioni e le paure che ci abitano.

«Io sto ritto, nudo, davanti a una sala piena di uomini e donne di ogni età – racconta Ken Dychtwald nel suo libro *Psicosoma*, Edizioni Astrolabio – mentre il dottor John Pierrakos fissa intento il mio corpo, come tutti gli altri presenti. Il calore dei loro sguardi si assomma al tepore dell'aria della California meridiónale, e mi stordisce un po'; mi fa un po' tremare le gambe. Tuttavia continuo a stare lì, a lasciarmi osservare. Il dottor Pierrakos mi si avvicina ed esamina attentamente i miei tessuti cutanei e la qualità della muscolatura. Mi invita a camminare per la sala per qualche istante, in modo da poter osservare il mio corpo in moto. Mentre cammino, sono consapevole del mio imbarazzo e della mia goffaggine.

Essere osservato e scrutato da un gruppo di persone è un'attività che non mi è molto congeniale. Mi sento le farfalle che svolazzano nello stomaco, mentre torno alla posizione d'attesa, davanti agli spettatori. Sudo abbondantemente per l'intensità della situazione.

Dopo quella che mi sembrava un'eternità di silenzio, John Pierrakos comincia a parlarmi di me, con una voce contemporaneamente capricciosa e severa. Per me, è l'unico suono dell'universo. Ascolto con attenzione. Lui mi parla di mia madre e di mio padre e dei miei rapporti con entrambi. Descrive la mia mentalità generale verso la vita, l'amore, le relazioni, il movimento, il cambiamento. Con straordinaria esattezza discute il tipo di relazioni e gli stili di comportamento che ricerco naturalmente e mi descrive il modo in cui li tratto. Per concludere, descrive i principali punti di forza e debolezza della mia personalità. Mentre parla, gli altri presenti ascoltano con attenzione; alcuni sono intenti a prendere appunti, altri tengono gli occhi chiusi, come se immaginassero un'immagine interiore. John Pierrakos smette di fissarmi. L'aspetto più spaventoso di questa esperienza fu che tutto ciò che egli disse, tutte le osservazioni che fece, tutte le descrizioni che formulò erano esatte, assolutamente. Aveva descritto concisamente me stesso a me stesso. Come ci era riuscito?». Basta non guardare al cammino come al banale risultato meccanico di componenti muscolo-scheletriche in movimento, bensì allo stile con il quale l'individuo si sposta nello spazio: stile retto da un principio ispiratore (il nostro modo di essere) che tradurrà nella deambulazione la nostra storia, la personalità, le voglie e le ambizioni così come le paure: tutti noi stessi, insomma, stiamo racchiusi in un movimento, quello del cammino eretto, che ha siglato una grande tappa della filogenesi. In quell'atto, per noi così consueto, se ne stanno racchiusi milioni di tentativi e di successi che hanno tracciato il cammino dell'umanità.

I "cardini" del cammino

Stare in piedi e camminare rappresenta la vittoria del corpo nei confronti della forza di gravità e possiamo individuare tre parti che interagiscono tra loro per permettere la deambulazione.

La base: esiste nel nostro corpo una struttura incredibilmente elastica e morbida: il piede. Quello che caratterizza le nostre estremità in contatto con il terreno è soprattutto la forma ad arco della pianta (volta plantare).

Come gli archi in pietra sono costruiti in modo tale che la spinta fra le componenti risulti un'unica forza direzionata verso l'alto, così l'architettura del piede è tale da esercitare una forza (appunto verso l'alto) uguale e contraria a quella data dal peso corporeo. La differenza funzionale rispetto all'arco statico di pietra sta nella possibiltà dei piedi di mantenere questa spinta in innumerevoli varianti durante il cammino. Tutto ciò è permesso dall'appoggio della volta plantare in tre punti (fig.1a e 1b) in cui A e B rappresentano l'avampiede e C il retropiede. Nel gioco di appoggio di questi tre punti si realizza tutta la funzione stabilizzatrice del piede. Più precisamente però chiamiamo "base" tutta l'area occupata dalla deambulazione, che è formata dal movimento sincrono delle estremità e dalla lunghezza variabile dei passi.

Inoltre la base varia a seconda dei tipi di appoggio che sommariamente possiamo distinguere in:

- appoggio sul retropiede (la parte meno elastica). Richiama simbolicamente la solidità, la stabilità, ma anche la rigidità (stare con i piedi "troppo per terra") (fig.1c);
- appoggio sull'avampiede, che è la sezione più elastica e mobile. Richiama simbolicamente la dinamicità, la spinta, l'adattabilità, ma anche, a volte, l'incapacità di un appoggio fermo e sicuro (star "poco con i piedi per terra") (fig 1d).

Fig. 1a

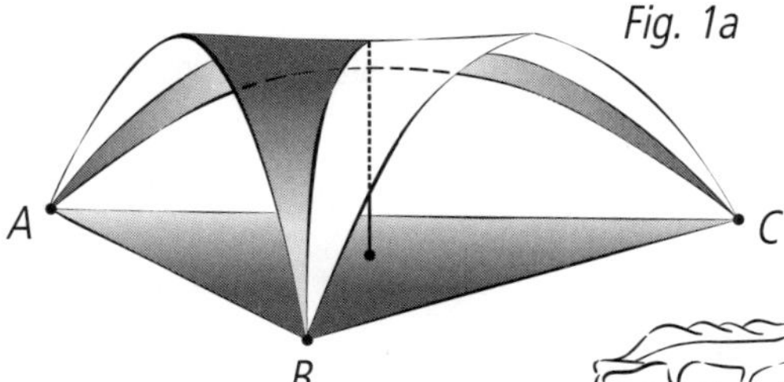

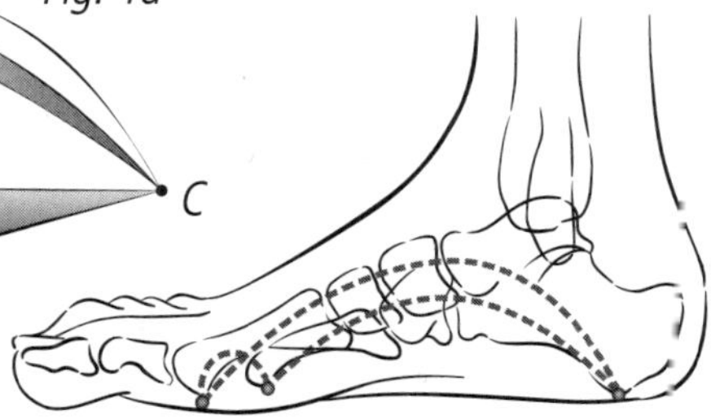

Fig. 1b

Fig. 1c

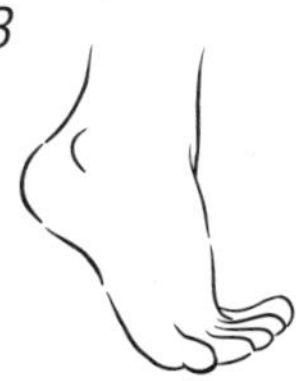

Fig. 1d

La forma ad arco della pianta del piede consente di esercitare una forza verso l'alto uguale e contraria a quella del peso corporeo.

La biella: negli antichi templi, costruiti per resistere stabilmente nei secoli, sopra le colonne veniva sistemato un asse trasversale (l'architrave) che reggeva gran parte del rimanente edificio. Analogamente, sulle "colonne" rappresentate dagli arti inferiori è disposto un "architrave", il bacino, atto sia a sostenere il corpo che a favorirne lo spostamento nello spazio (il cammino). Per fini giochi meccanici di attriti, spinte e resistenze, la struttura del bacino si articola con le teste femorali (i "capitelli" delle colonne) in modo tale che per attuare l'avanzamento di un arto dopo l'altro l'insieme assomiglia, nella struttura e nella dinamica, a una "biella" (fig. 2).

Come vedremo, gli spostamenti in avanti e indietro (basculamento), quelli da destra a sinistra e viceversa (ondeggiamento), sono i movimenti che consentono una lettura simbolico-analogica di quel mondo istintuale racchiuso nel bacino.

L'asse trasversale: nel corpo umano vi è un altro architrave molto vicina al capo (fig.3), dato dall'asse trasversale che transita per le spalle. Questo asse appoggia solo su una colonna, quella vertebrale: chiamiamo questo architrave "asse trasversale".

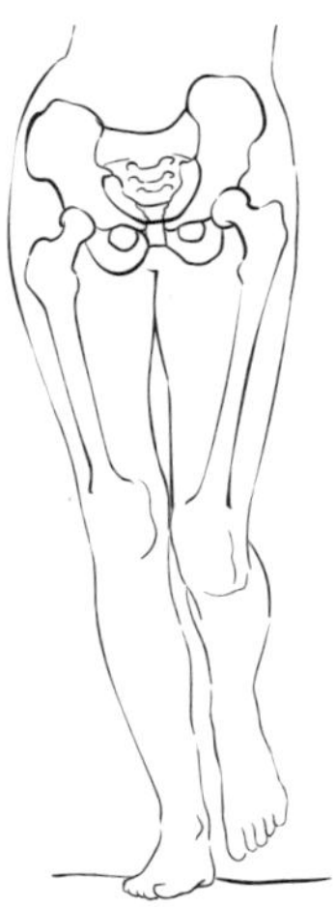

Fig. 2

Il gioco meccanico che si crea, durante il cammino, tra i femori e il bacino è analogo al movimento di una biella.

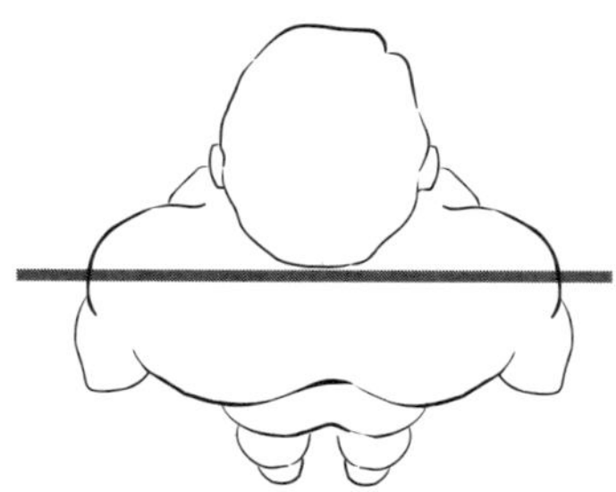

Fig. 3

La linea che unisce le spalle rappresenta, nel corpo umano, un vero architrave che poggia solo su una colonna centrale: la colonna vertebrale.

L'asse trasversale è collegato all'asse centrale (colonna vertebrale) dal complesso dei muscoli e dei legamenti della schiena.

In questo modo l'asse trasversale ha una grande libertà di movimento consentendo così alle spalle, alle braccia, e in ultima analisi alle mani, di compiere movimenti verso qualsiasi direzione nello spazio. L'asse trasversale ha anche notevoli possibilità elastiche, tanto da potersi modificare nella sua forma; infatti le spalle possono andare in avanti (il petto si chiude) oppure indietro (il petto si apre) e questo consente di proteggere o esporre simbolicamente la parte anteriore del torace caratterizzata dalla presenza del cuore e, in generale, legata al mondo degli affetti.

Un'altra funzione simbolica dell'asse trasversale è svelata dalla sua posizione anatomica: è collocato tra il capo (mondo del raziocinio) e il bacino (mondo degli istinti).

In questo modo l'asse trasversale ben rappresenta un importante mediatore posturale di atteggiamenti e movimenti che possono rivelare quanto il capo e il bacino siano o meno in sintonia fra di loro. Inoltre, all'asse trasversale fanno riferimento gli arti superiori, segmenti corporei importantissimi per la relazione che l'individuo ha con gli altri. L'asse trasversale può quindi facilitare o inibire, attraverso varie posture, la mimica espressiva delle braccia e delle mani.

La visione d'insieme

Guardando una persona in piedi (fig.4) è possibile tracciare un'ideale linea verticale che possa attraversare il centro dei tre elementi descritti: la base, il bacino e l'asse trasversale. Questa linea verticale corrisponde alla linea della forza di gravità, rappresentabile da un filo di piombo. Per stare in piedi e camminare è necessario che un corpo rispetti la legge della gravità con una distribuzione equilibrata dei pesi della base, del bacino, dell'asse trasversale. È per questo che se uno dei centri si sposta dall'ideale filo a piombo, gli altri due si modificheranno al fine di rispettare la legge e di mantenere l'equilibrio. Questo avviene sia da fermi che durante il cammino. Dunque anche se base, bacino e asse trasversale possono essere osservati separatamente, in realtà fanno parte di un insieme dove ogni elemento deve essere in sintonia e in equilibrio con gli altri. Tutto ciò ha un profondo senso psicosomatico: a ogni spostamento del corpo nello spazio corrisponde un preciso risvolto emotivo e tutto questo si riflette sul nostro "filo a piombo esistenziale".

Le differenza tra uomo e donna

Se apriamo un qualsiasi libro e cerchiamo la definizione di "cammino", notiamo che ci viene proposto un unico concetto: tutti camminano allo stesso modo. Il cammino ideale, cioè, si realizzerebbe con un perfetto allineamento dei centri della base, del bacino e dell'asse trasversale lungo l'asse di gravità. Ma se osserviamo attentamente come cammina la gente, scopriamo che ciò non è vero: le tre componenti (base, bacino e asse trasversale) ben difficilmente rispettano il modello ideale. È facile infatti che le tre parti si dislochino senza seguire rigorosamente l'allineamento dei loro centri lungo il nostro filo a piombo.

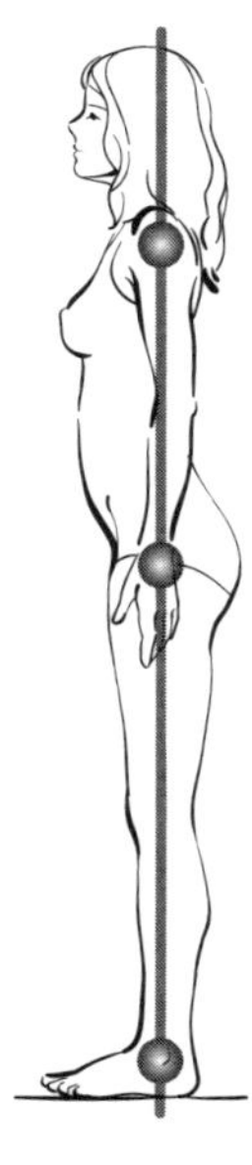

Fig. 4

Dovrebbe esistere un rapporto ottimale tra base, bacino e asse trasversale: tutti e tre allineati e uniti da un ideale "filo a piombo".

Questo vuol dire forse che gran parte delle persone cammina male? No. Come vedremo nelle tipologie descritte di seguito, ognuno cammina con una personale "disposizione" delle tre parti nello spazio rispettando comunque le regole della gravità e proprio questa "disposizione" esprime uno specifico "stile" psicosomatico. È opportuno peraltro distinguere tra il cammino dell'adolescente e quello di un adulto. Nel primo caso, l'allineamento dei tre centri varia molto. Infatti, a quell'età non esiste ancora una precisa identificazione sessuale e la struttura corporea rivela nella deambulazione questa condizione transitoria, dove maschile e femminile non sono ancora ben definiti. Di fatto i rapporti tra i centri sono così mobili e mutevoli uno rispetto all'altro, che non è possibile definire una direzione di movimento inquadrabile in uno schema di tipo maschile o femminile. Nel secondo caso (cammino adulto) invece, si evidenzia bene questa distinzione. Infatti, si nota che le parti si muovono tra loro seguendo una legge di "scambio", chinesiologica e simbolica, tra base, bacino e asse trasversale.

■ **La deambulazione femminile:** la partita del femminile si gioca nel bacino. Nell'universo della donna questa parte è legata alla capacità ciclica di generare (ovulazione e mestruazioni) e questa ritmicità si esprime anche nel cammino con un movimento corporeo polidirezionato. Dal punto di vista chinesiologico la donna ha una maggiore mobilità del bacino rispetto ai movimenti dell'asse trasversale e alla lunghezza dei passi, tanto che osservandola camminare si nota una testa poco mobile e un ampio ondeggiamento del bacino da destra verso sinistra e viceversa (fig.5a), che assomiglia all'andamento di un pendolo. Questa ritmica oscillazione è osservabile in ogni donna adulta e può essere più o meno evidente a seconda dell'età, della struttura corporea e della relazione esistenziale con la propria femminilità.

Quando quest'ultima è esasperata, il cammino-tipo assomiglia a quello delle modelle; viceversa il bacino può sembrare poco mobile quando vuole esprimere un disagio, o un rifiuto, verso la propria identità sessuale.

■ **La deambulazione maschile:** nell'uomo adulto è l'unidirezionalità (la freccia, il fulmine, il sole allo zenit...) a rappresentare il maschile, che si esprime anche nel cammino con un bacino poco mobile e non basculante, al contrario dell'asse trasversale che, oscillando da destra verso sinistra e viceversa, dà all'insieme un'immagine simile a quella di un metronomo (fig.5b).

Questo strumento serve al musicista per mantenere uniforme il tempo e il ritmo, ed è proprio quest'uniformità ritmica, sempre uguale a se stessa, che caratterizza l'universo del mondo maschile: ecco perché si parla di cammino a metronomo (dettato dall'oscillazione delle spalle).

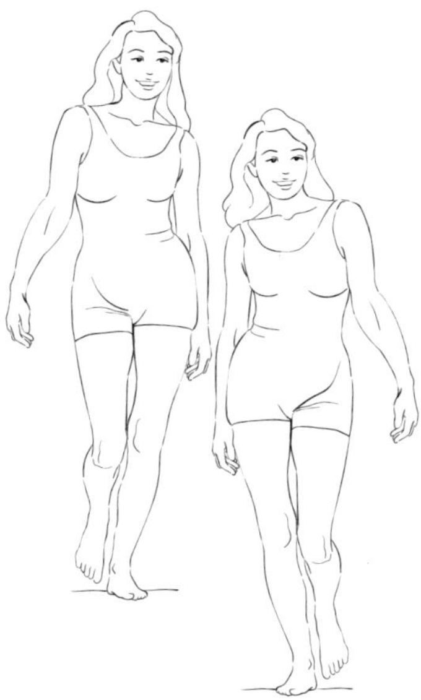

Fig. 5a

Il modo di camminare "femminile" è caratteristico per il movimento a "pendolo" del bacino, che può essere più o meno accentuato.

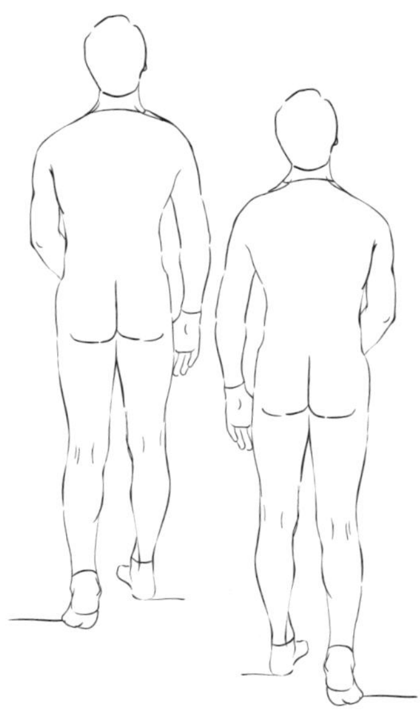

Fig. 5b

Il "maschile", invece, muove maggiormente l'asse trasversale fendendo lo spazio con un movimento simile a quello di un metronomo.

Il corpo visto come… una barca a vela

Giunti a questo punto è possibile immaginarsi il corpo in movimento come una barca a vela: le tre parti (base, bacino e asse trasversale) sono rispettivamente riferibili alla deriva, alla chiglia e alle vele tese dell'asse trasversale (fig.6). Le caratteristiche di ogni cammino dipenderanno da due elementi fondamentali:

- la struttura della barca;
- la forza propulsiva del vento, che possiamo interpretare come il campo di forze in cui ci troviamo a navigare.

Dal cocktail di questi due contenuti nasce il cammino o, se preferite, la navigazione esistenziale che affrontiamo giorno per giorno.

La direzione del vento può mutare, ma ciò non deve farci perdere l'allineamento. Vanno conciliate le tre parti e non va mai perso il caratteristico stile a pendolo/metronomo.

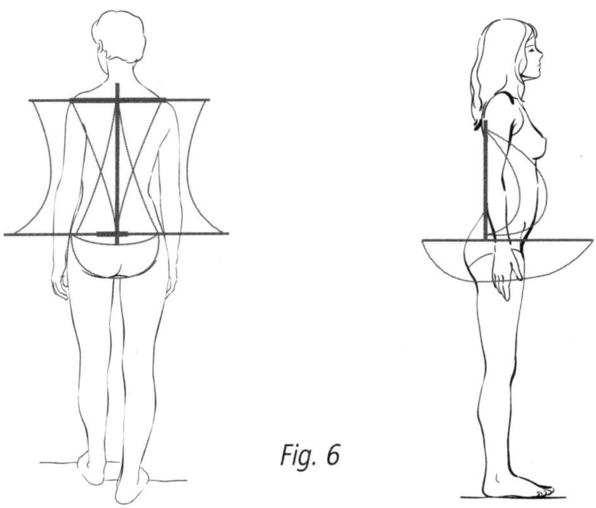

Fig. 6

L'immagine che ci permette di unificare quanto detto finora è quella che vede il corpo in movimento simile a una barca a vela. La struttura della barca, la forza e la direzione del vento sono elementi fondamentali per valutare come si muove il "corpo-barca".

Cinque modi di camminare, cinque mondi interiori

Se paragoniamo il corpo in movimento a una barca a vela, il modo di camminare di ciascun individuo dipenderà, oltre che dalla struttura del corpo-barca, anche dalla forza e dalla direzione con cui il "vento" soffia. Ecco quindi i cinque tipi di cammino che possiamo riconoscere e i sottostanti stili esistenziali.

1) Non sente il vento chi è centrato sul proprio asse

In questo caso, durante il cammino, base, bacino e testa sono allineati con l'ideale filo a piombo, e quindi non sono influenzati dal vento. Se è un atteggiamento spontaneo, indica una notevole solidità associata a un'altrettanto spiccata elasticità, sia fisica che esistenziale, di chi è in grado di modificare il proprio assetto senza perdere di vista il proprio "centro-albero". Ma questo portamento, a volte, è il risultato di una "rigidità" eccessiva che nasconde la paura di essere "sopraffatto dal vento".

Questo tipo di cammino si ritrova nelle persone ben equilibrate. Ma può anche nascondere la paura di essere soverchiato da eventi esterni. In questi casi è la rigidità della colonna il rischio maggiore. «Mi spezzo ma non mi piego», è questa la massima più adeguata per chi si sforza di non sentire i "venti emotivi".

Nel tipo che *non sente il vento*, la testa, il bacino e la base durante il cammino sono allineati con l'ideale filo a piombo. L'incedere spesso è lento, misurato, e di lui si nota l'essere eretto con il capo ben dritto. Immaginate di portare un bambino a cavalcioni sulle vostre spalle e di dover camminare in mezzo a una folla. Nonostante siate pressati e spinti da tutte le parti riuscite ugualmente a stare ben dritti. Ebbene questo è il tipo di cammino dell'uomo che "non è influenzato dal vento": nonostante forze esterne provenienti da varie parti, riesce ad avanzare senza modificare di molto il proprio assetto.

Rapporto base-bacino

Il peso del corpo si distribuisce in modo equilibrato su gran parte della superficie dei piedi (fig. 7). Ogni passo è ritmico, mai eccessivamente corto o lungo, e la distanza tra i due piedi è quasi parallela ai due estremi della biella (le anche). Tutto è in funzione della parte superiore (bacino, asse trasversale e testa) che non deve perdere l'equilibrio; le gambe e il bacino garantiscono la stabilità con un gioco continuo di arrangiamento dei passi e dei rapporti fra le parti.

Rapporto biella-asse trasversale

Questo è un cammino in cui la testa e il bacino sono sempre allineati Nessuna delle due parti sopravanza mai l'altra, e tutta la colonna vive in funzione di quest'equilibrio perfetto.

L'aspetto simbolico

Un aspetto molto importante di una barca a vela è dato dalle caratteristiche dell'albero. Deve essere solido, resistente alle spinte dei venti, ma comunque molto elastico: se non è così rischia di deformarsi o di non ritornare più nella posizione di partenza e spezzarsi. Nel corpo umano la colonna vertebrale può essere paragonata all'albero di una barca a vela e l'incedere eretto del tipo che *non sente il vento* evidenzia come la colonna e il resto del corpo diano nell'insieme un'immagine allineata. In questo senso si può affermare che le persone che camminano così convivono bene con il proprio corpo e hanno una buona capacità di modificare l'assetto senza perdere mai di vista il proprio "centro-albero". Spesso, in molti "rituali", anche del mondo cattolico, l'officiante ben rappresenta il tipo che *non sente il vento*: la sacralità del sacerdote è rappresentata, nel cammino, da un equilibrio posturale, di pari passo a quello interiore, in cui capo, bacino e base stanno lungo un'ideale linea che collega il suolo-terra al cielo-divinità. A chiunque può capitare di camminare in quel modo, anche solo per brevi periodi: capita soprattutto nei momenti senza lo stress di tutti i giorni. Passeggiando la domenica in un parco, quando il lavoro e gli impegni non imprigionano la mente, ecco che è possibile ritrovare il piacere di una camminata armonica che "nessun colpo di vento" può modificare. Quando però camminare in questo modo nasconde una paura di essere "sopraffatto dai venti", a un'immagine di armonia se ne sostituisce un'altra di "rigidità" dove la persona è come aggrappata a un'idea di "aplomb" da non perdere né modificare per paura di smarrire la propria identità.

L'imperativo che spesso prevale in queste persone è ben rappresentato dalla frase: «Mi spezzo, ma non mi piego». La rigidità risulta ancor più evidente se ricerchiamo i movimenti a "pendolo" e a "metronomo": sono sacrificati in nome dello stare eretti a tutti i costi. In queste persone non c'è spazio per un'espressività corporea sia di tipo istintuale che di tipo affettivo-emotivo: il timore di apparire fragili o condizionabili irrigidisce tutta la postura.

Ben diverse sono le considerazioni che si possono fare osservando chi cammina senza "sentire il vento", ma vive in uno stato di pace interiore: anche qui non si evidenzia il movimento a "pendolo" e a "metronomo", ma questo può essere il risultato di un'armonia tra gli aspetti istintuali, emotivi e razionali che la persona in quel momento vive e lascia trasparire.

I rischi

Quando una persona cammina con le caratteristiche della tipologia che *non sente il vento* è come una canna di bambù e può, con elasticità, piegarsi e tornare allo stato iniziale; non corre rischi né psicologici né fisici.

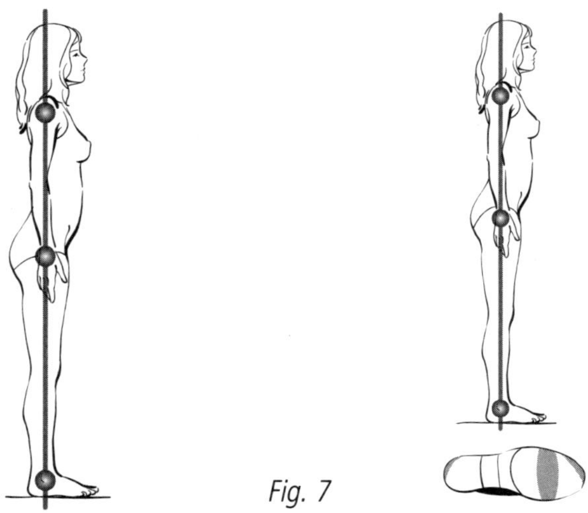

Fig. 7

Nel tipo che "non sente il vento" durante il cammino il peso del corpo si distribuisce in modo equilibrqto su gran parte della superficie dei piedi.

Chi invece esaspera il cammino eretto tanto da voler essere indifferente a venti esterni per non scoprire le proprie "debolezze" emotive, irrigidisce la colonna e rischia di indurirsi e spezzarsi. Questa rigidità potrà esprimersi frequentemente con i seguenti disturbi: contratture dolenti diffuse in tutti i muscoli che vanno dal capo all'osso sacro; possibili improvvisi colpi della strega (lombalgia acuta); patologie come artrosi e spondilolistesi (patologia della colonna vertebrale caratterizzata dallo scivolamento in avanti di una vertebra sull'altra). Emotivamente la rigidità di questo tipo si esprime nella tendenza a imprigionarsi in "regole" rassicuranti. La persona, davanti a venti esterni a cui dovrebbe emotivamente adeguarsi, si difende appunto con una rigidità interiore per salvaguardarsi da ogni mutamento.

Di conseguenza potrà capitare che faccia fatica a concedersi cambiamenti, tanto da poter apparire senza emotività e senza affettività, rischiando di auto-isolarsi e far trasparire un senso eccessivo di superiorità e sicurezza.

2) Non chiede mai aiuto chi si muove controvento

Immaginate di dover camminare opponendovi a un forte vento contrario. Sarete costretti a piegare in avanti la testa e le spalle e dovrete far maggiormente forza sulle gambe e sui piedi. È questo l'atteggiamento costante di questa tipologia di persone; il tema simbolico sotteso è quello di dover contare solo sulle proprie forze e lo stile di vita (e di cammino) è quello di chi deve avanzare senza cambiare mai direzione, neppure di fronte agli ostacoli, contando esclusivamente sulle proprie forze.

Per chi è un tipo *controvento* accettare aiuto da chiunque significa rinunciare alla propria autonomia. Per questo è così difficile che persone di questo tipo cerchino un sostegno esterno. La certezza che è sempre necessario contare solo sulle proprie forze caratterizza questi soggetti, che facilmente vanno incontro a dolori lombari, stanchezza e vertigini improvvise.

In questa tipologia la testa è più avanti del resto del corpo. Immaginate di essere per strada camminando tranquillamente e che, all'improvviso, soffi un forte vento contrario: per continuare nella vostra direzione sarete costretti a piegarvi con le spalle e la testa leggermente in avanti, perché nonostante tutto volete proseguire. Sentirete di usare maggiormente la forza dei piedi e delle gambe; il bacino sarà più fermo, mentre il tronco si sposterà in avanti.

Rapporto base-bacino

Camminare in questo modo richiede una spinta efficace dei piedi che viene effettuata prevalentemente appoggiando il peso del corpo sulla loro parte anteriore. Tant'è che chi cammina *controvento* ha le suole consumate (fig. 8) e quando si toglie le scarpe queste non appoggiano per intero al pavimento; la parte anteriore delle suole è leggermente sollevata con la punta verso l'alto. Per generare la forza necessaria ad andare contro vento, le ginocchia sono leggermente piegate e questo riduce la mobilità del bacino. Chinesiologicamente il sostegno del corpo e la propulsione non dipendono tanto dai giochi articolari quanto dalla forza muscolare degli arti inferiori.

Rapporto biella-asse trasversale

Il tronco lievemente flesso anteriormente facilita una chiusura delle spalle e la testa, durante il cammino, è protesa in avanti. In tal modo il bacino appare arretrato e questo atteggiamento favorisce le oscillazioni delle spalle rispetto al bacino stesso.

L'aspetto simbolico

Il tipo *controvento* dunque cammina come se dovesse penetrare lo spazio "a spallate", con un movimento oscillante che richiama il metronomo: ciò è tipicamente maschile. Peraltro, nel tipo *controvento* si possono evidenziare modi di essere esasperati: l'aprirsi quasi con forza la strada; avanzare comunque e sempre; non cambiare mai direzione di fronte a nessun ostacolo...

Sembra esserci una smisurata caparbietà nel raggiungere gli obiettivi, tanto che la testa in avanti ricorda un ariete che non si arresta di fronte a nulla.

Giovanna descrive così il suo momento esistenziale: «Mi sento sempre in allarme, non posso fermarmi mai e devo prevenire tutti gli intoppi. Ultimamente sono molto stanca, anche se la fatica per me non è un problema, nonostante tutto voglio andare avanti». Quando il terapeuta, alla prima seduta, fa per andare incontro a Giovanna, lei, con la testa spinta in avanti, si dirige risoluta verso di lui e, stringendogli la mano, entra per prima nello studio. La stanchezza di Giovanna è caratteristica di chi è sempre *controvento*; il tema simbolico che sostiene questo modo di camminare è "contare solo su se stessi": tutte le energie vengono disposte in campo secondo questo stile, quasi a rispondere a un'inalienabile consuetudine esistenziale. Pur tuttavia, chi permane per lungo tempo in questa situazione o ne fa quasi una scelta di vita, inevitabilmente si scontra con la necessità, a volte, di aver bisogno di aiuto esterno.

Giovanna in questo è intransigente: «Chiedere aiuto agli altri è una cosa che ho sempre visto come una debolezza, in fondo perché non dovrei essere capace di risolvere i problemi da sola? Fino a ora sono sempre stata una vincente».

La paziente però soffre di cervicalgia e stanchezza cronica. Non ce la fa proprio più, ma solo dopo molte sedute chiede, con un certo sforzo, aiuto al terapeuta. È facile ritrovare il tipo *controvento* tra i cosiddetti "emergenti".

Come la barca a vela, quando improvvisamente trova un cambio di vento e modifica l'assetto per mantenere la rotta (offrendo le vele passivamente ai venti) così il tipo *controvento* "fisiologico" è quell'individuo capace, quando

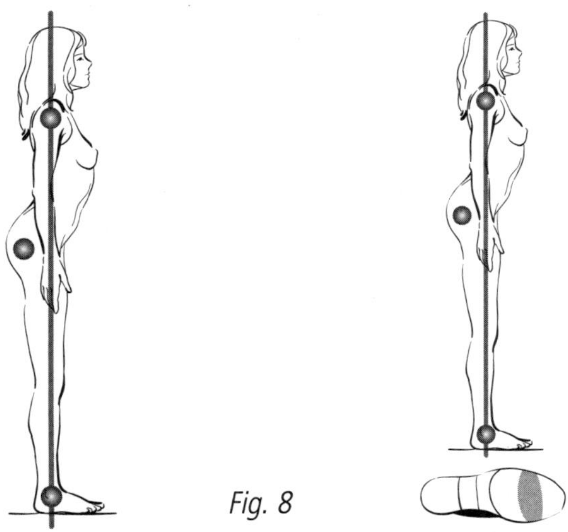

Fig. 8

Nel tipo "controvento" durante il cammino il peso del corpo si distribuisce sulla parte anteriore. Quando si toglie le scarpe, la parte anteriore è leggermente sollevata.

serve, di usufruire dell'aiuto degli altri. In tal modo, accettando anche altre fonti di energia, non consuma inutilmente le proprie forze.

I rischi

Dolori cervicali. L'atteggiamento ad ariete è molto dispendioso soprattutto per il tratto cervicale della colonna: facilmente andrà incontro a rigidità, difficoltà nel ruotare il capo verso destra e verso sinistra, dolore a guardare in alto e a portare indietro le spalle.

Dolori lombari. La fissità del bacino è resa evidente dalla difficoltà a farlo oscillare: per esempio, camminando veloci o sciando, si rischia di sentire dolori improvvisi fino ad andare incontro al blocco.

Stanchezza. Il tipo *controvento* rischia di sentirsi cronicamente stanco per esaurimento delle proprie energie. Ma questo può essere anche un segnale del corpo utile a recuperare una passività che non si permette mai di vivere.

Vertigini improvvise. Possono rappresentare la ricerca di un punto d'appoggio, una richiesta di aiuto all'esterno per poter risparmiare temporaneamente le proprie energie.

3) Chi vive con il vento in poppa segue sempre le emozioni

In questa situazione l'immaginario vento soffia alle spalle: il bacino infatti si presenta spostato in avanti (rispetto all'ideale filo di piombo) e, durante il cammino, la testa sembra seguire il corpo, mentre i passi sono corti. Chi fa parte di questo gruppo tende a privilegiare, nella sua dimensione esistenziale, l'affettività e l'istintualità rispetto alla ragione, proprio come il petto e il bacino (analogamente collegati alle emozioni e all'istinto) precedono, nel cammino, la testa (sede della razionalità).

In questa tipologia di cammino il bacino precede la testa. Allo stesso modo, sono l'affettività e l'istinto a guidare l'individuo. E se la testa non riesce ad adeguarsi può comparire la cefalea. Il cammino del tipo *vento in poppa* ha come caratteristica principale il bacino portato in avanti rispetto all'ideale filo a piombo. Immaginate di essere fermi in piedi e che due mani appoggiate da dietro sui fianchi, comincino dolcemente a spingervi in avanti: sarete portati a essere guidati dal vostro bacino, la testa si sentirà trascinata, i vostri passi saranno necessariamente corti.

Rapporto base-bacino

Se appartenete a questo tipo l'appoggio dei piedi sarà prevalentemente anteriore e, probabilmente, le vostre scarpe avranno la suola consumata verso la punta e vi sarà difficoltoso provare a camminare sui talloni.

Rapporto biella-asse trasversale

Il petto è aperto, le spalle spesso sono indietro, la postura è dritta. Tutto il corpo è lievemente inarcato come una vela gonfia di vento. Durante il cammino, il normale "movimento crociato" (tra arto inferiore sinistro e arto inferiore destro e viceversa) è molto pronunciato.

L'aspetto simbolico

La persona *vento in poppa* sembra non fare fatica a camminare; il suo corpo è analogo a una vela che si carica di una spinta costante proveniente da dietro, tanto che l'incedere è ordinato e senza sforzo, come se le forze muscolari in gioco non fossero così necessarie per procedere. L'attività del bacino è nettamente maggiore di quella della testa, che si muove poco: questo tipo di camminata suggerisce in pieno l'immagine già descritta del pendolo.

Dunque è un incedere che richiama significativamente il tema simbolico femminile, confermato da un corpo che cede e non oppone resistenza lasciandosi andare quasi passivamente alla spinta da dietro. Come tutti i tipi di cammino, è possibile osservare il *vento in poppa* sia nella donna che nell'uomo; nella prima viene amplificata l'espressione di una sensualità femminile; nel secondo, la "femminilizzazione" conseguente all'ipermobilità del bacino, è ampiamente compensata da un movimento delle spalle più accentuato del solito. Se la testa è il mondo della ragione, il petto quello degli affetti e il bacino il regno degli istinti, il tipo *vento in poppa* sembra privilegiare gli ultimi due nella relazione con gli altri.

Immaginiamo ancora una barca a vela che deve raggiungere un'isola e che alla partenza abbia il vento in poppa. Ogni buon velista sa che il vento può cambiare e infatti, quando questo succede, modifica la disposizione delle vele per raggiungere il suo obiettivo. Se ti sei riconosciuto nel *vento in poppa*, probabilmente corri il rischio, appena cambia il vento, di arrestarti senza sapere cosa fare o di andare in una direzione che ti è estranea. In entrambi i casi potresti perdere di vista l'isola che vuoi raggiungere.

«Dottore – dice Francesco – cosa posso fare se sono fatto così? Quando c'è qualcosa che mi è contro, io mi fermo e non riesco più ad arrivare dove voglio». Il paziente che soffre di lombalgia da circa due anni appartiene al tipo *vento in poppa* e il dolore è insorto in un periodo della sua vita in cui si erano presentate difficoltà inaspettate. Francesco era abituato, per circostanze sempre favorevoli, a non faticare più del necessario per andare avanti nella vita e nel suo lavoro. «Ero sicuro di me stesso. Facevo una telefonata e gli affari andavano a gonfie vele, affettivamente ero sulla cresta dell'onda... quel cambiamento non ci voleva proprio!».

Infatti, poco prima del dolore lombare il paziente si era trovato davanti a un'improvvisa forza contraria: una società straniera aveva acquistato la ditta in cui lavorava, e i nuovi dirigenti avevano richiesto un raddoppio del fatturato. «Da quel momento non sono più stato lo stesso, ho cominciato a faticare più di quanto fossi abituato, il tutto peraltro complicato da questo mal di schiena che stranamente non mi blocca, ma mi obbliga a stare un po' piegato in avanti per soffrire di meno». Francesco, in seguito, non ce l'aveva fatta a resistere e aveva lasciato la società per un'altra con pretese minori. Il tipo *vento in poppa*, quando permane per lungo tempo in questa dimensione esistenziale, può correre il rischio di non avere più la capacità di modificarsi per l'inerzia a cui si è assuefatto.

Analogamente anche il corpo può mimare la problematica esistenziale proprio in quel tratto della colonna (lombare) che deve maggiormente modificarsi per adeguarsi a un incedere diverso.

In Francesco, infatti, la parte lombare sembra proprio suggerire l'assetto più adeguato alla circostanza: il tronco piegato in avanti richiama una postura in cui devono entrare in gioco forze nuove per ottenere i risultati che gli vengono richiesti.

I rischi

Lombalgia. Il bacino in avanti obbliga il tratto lombare a permanere in una curvatura eccessiva che con il tempo procura dolore.

Dolori alle dita dei piedi. L'appoggio permanente del peso corporeo sulla parte anteriore del piede provoca callosità, artrosi metatarsali, tendiniti soprattutto dell'alluce.

Tensione al collo e alle spalle. Il petto aperto con le spalle indietro conduce a stanchezza muscolare e facilita i dolori cervico-nucali, con cefalea muscolo tensiva.

Vertigini. Il tipo *vento in poppa* ha simbolicamente la testa trascinata dal bacino. Quando cambia il vento il capo deve riorientarsi; se ciò non avviene, questo conflitto può comportare un episodio vertiginoso improvviso.

Stanchezza cronica: quando non si è capaci di fare fatica perché comodamente adagiati per lungo tempo su forze non nostre, ogni minimo sforzo può dare l'impressione di esaurire in fretta le energie. Nasce la stanchezza e la rinuncia a utilizzare le proprie possibilità per andare avanti.

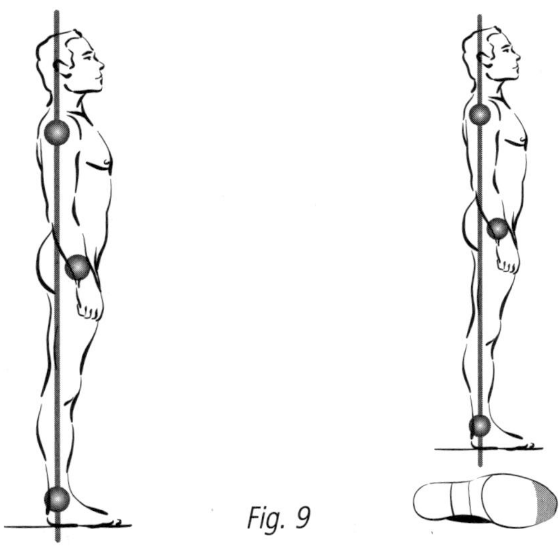

Fig. 9

Il soggetto "vento in poppa" presenta un avanzamento del bacino, rispetto al filo a piombo ideale, e la suola delle scarpe consumate soprattutto in punta.

4) Chi usa solo la forza interna non sfrutta vento alcuno

Anche il tipo *nessun vento*, come quello che è *non sente il vento*, presenta un perfetto allineamento della testa, del bacino e della base al virtuale filo di piombo. È però presente un'accentuazione delle curve della colonna vertebrale, come se il vento soffiasse dall'alto schiacciando a terra il soggetto. Si tratta di un individuo, seguendo l'analogia con i natanti, più vicino a un rimorchiatore che a una barca a vela: potente, lento e inaffondabile, nessun vento può essergli utile perché attinge da se stesso la forza propulsiva.

Immaginate di dover trasportare due zaini uguali di discreto peso, e di doverlo fare lasciando libere le mani. Tenderete a caricarli sulle spalle, uno sulla schiena e l'altro sul petto.

Durante il cammino sentirete come il peso bilanciato vi aiuterà nell'avanzare mantenendovi in equilibrio; percepirete però anche una discreta fatica e la lentezza a cui siete obbligati per mantenere l'allineamento testa-bacino-base.

Questo è il modo di camminare del tipo *nessun vento*: paradossalmente come se la nostra barca a vela ricevesse il vento... dall'alto e risultasse da questi un po' schiacciata.

Rapporto base-bacino

Il tipo *nessun vento*, seppure ben allineato, ha i piedi molto impegnati a sostenere tutto il peso del corpo.

L'impegno della base è in questo caso superiore alla norma, tanto che le suole delle scarpe sono consumate uniformemente.

Cammina a piedi larghi per ricercare una maggior superficie d'appoggio, al fine di distribuire meglio il carico.

Le ginocchia possono esprimere anche loro questo impegno orientandosi in due modi: o flettendosi (i casi più rari), oppure intra-ruotando (con le rotule posizionate come se si guardassero). Nel primo caso il bacino (la nostra biella) ha l'asse lievemente all'indietro, tanto che il pube appare in avanti rispetto alla posizione normale; nel secondo caso l'asse è ruotato al contrario del precedente e il pube sembrerà un po' nascosto e sotto il corpo.

Rapporto biella-asse trasversale

Il tipo *nessun vento* con le ginocchia un po' in flessione e il bacino indietro (per compensare il possibile squilibrio dei pesi) presenterà delle spalle che si protendono un po' in avanti con aumento della cifosi dorsale.

Il *nessun vento* con le ginocchia intra-ruotate e il bacino in avanti darà la parvenza di un individuo schiacciato (l'aumento delle curve cervicale/dorsale/lombare è armonico).

L'aspetto simbolico

La camminata di questo individuo è più simile a un rimorchiatore che a una barca a vela; cammina con i piedi larghi e il suo incedere è orientato verso terra. Sembra avere un'energia prevalentemente diretta verso il basso.

Così come questa imbarcazione è caratterizzata dalla potente forza trainante, dalla lentezza del procedere e dall'inaffondabilità garantita dalla sua chiglia larga, così il tipo *nessun vento* sembra avanzare nel cammino e nella vita incurante dei pesi che sta trasportando.

Egli attinge da se stesso la forza propulsiva e, proprio come i rimorchiatori, non si ferma di fronte a nessun tipo di mare.

Un'immagine terrestre analoga potrebbe essere il cingolato: pesante, lento, ma sicuro in ogni tipo di terreno, difficilmente arrestabile e gran lavoratore.

«Se non mi muovo mi sento inutile – dice Maria - io sono una persona che non avverte la fatica, anzi più lavoro c'è da fare più sto bene. Pensi che fino a non molto tempo fa mi occupavo a tempo pieno dei miei figli e, come se non bastasse, accudivo i miei nipoti».

Maria, da un giorno all'altro, accusa una crisi ipertensiva accompagnata da un intenso dolore alle gambe e ai piedi con contratture muscolari dolenti diffuse a tutta la colonna.

Nel periodo precedente l'insorgenza dei sintomi la paziente si è trovata a vivere una forzata inattività perchè entrambi i figli si sono trasferiti fuori città per motivi di lavoro.

Come un rimorchiatore senza pesi da trasportare, finisce per essere inutile. Così Maria, perdendo il suo ruolo pesante, ma appagante, si sente fuori posto.

Tutta la sua muscolatura abituata e allenata negli anni a muoversi con uno scopo, non sa più per chi sforzarsi.

Ora è ferma, carica di tensione, in attesa di riprendere servizio al più presto.

Il tipo *nessun vento* infatti è una persona su cui si può contare: è un grande altruista ed è dotato di notevole praticità.

Tutto il suo assetto corporeo è ben ancorato al terreno, tanto che la forza di gravità per lui non è un'energia da vincere per mantenersi in piedi, bensì da utilizzare al meglio per aumentare la propria aderenza e stabilità al suolo.

Si potrebbe dire che il tipo *nessun vento*, dopo l'avvio, diventa una forza inarrestabile fino a che non ha terminato il suo compito.

È difficile stargli dietro perchè la motivazione che lo sostiene è di essere utile agli altri dimenticando molte volte se stesso. A volte, perde di vista le proprie esigenze in funzione di un altruismo esasperato tanto che, quando potrebbe dedicarsi a se stesso, rischia di non saperlo più fare.

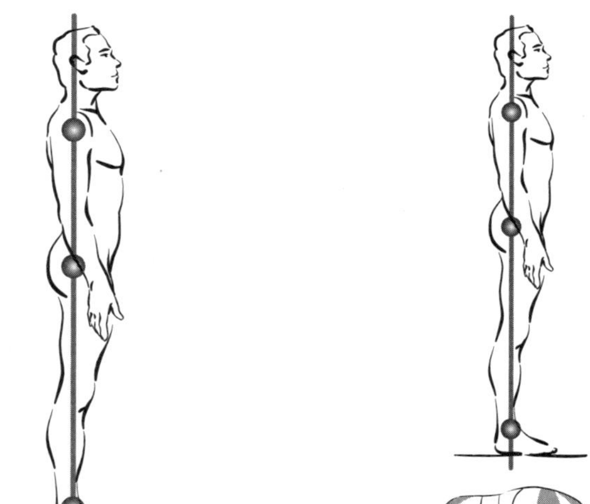

Fig. 10

Il tipo "nessun vento" è allineato al filo a piombo e un po' schaicciato. Le sue scarpe sono consumate eccessivamente, anche se in modo uniforme.

I rischi

Il farsi carico delle cose e l'incedere pesante fa sì che i suoi piedi siano predisposti al piattismo. Così l'intenso sforzo muscolare degli arti inferiori sovraccarica il circolo venoso e comporta il rischio di vene varicose, dolori ai polpacci, crampi e sensazioni di pesantezza alle gambe, gonfiori alle caviglie.

Anche l'ipertensione è uno dei rischi perchè le energie corporee sono tutte finalizzate alla postura eretta, da mantenere sempre salda e pronta all'azione.

5) Tutti i venti lo fanno ruotare come una banderuola

Avete mai camminato sul ponte di una barca ormeggiata in una giornata di mare mosso? Se avete provato, potete farvi un'idea di come si muova questa persona. In questo caso non è possibile schematizzare i rapporti tra la base, il bacino, le spalle e il filo a piombo, perché variano senza sosta. Come se il corpo non trovasse una direzione precisa, ma fosse preda di qualunque "brezza" stesse soffiando. Così sul piano esistenziale l'individuo ruota come una banderuola a seconda delle varie situazioni in cui si viene a trovare.

Il modo di essere e di camminare del tipo *tutti i venti* è fisiologico durante l'adolescenza, cioè nel periodo in cui non è ancora ben delineato il percorso che si vuole seguire.

L'incedere di questi soggetti non ha nessun punto fermo: i rapporti tra base, bacino e spalle si modificano costantemente e, a livello esistenziale non sanno seguire una rotta prestabilita.

Immaginate di essere in piedi, a poppa, su di una barca a vela ormeggiata, la giornata presenta un forte vento turbolento che cambia spesso direzione, il mare è lievemente agitato.

Da dove siete volete raggiungere la prua della barca, e per mantenervi in equilibrio dovete spostare continuamente base, bacino, asse trasversale, in quanto il vento e il movimento oscillante della barca vi spostano continuamente. Questo è proprio il modo di camminare del tipo *tutti i venti*, dove è indifferente stabilire se la testa è più avanti del bacino o viceversa rispetto all'ideale filo a piombo: tutto è mutevole e aritmico, e base, bacino e asse trasversale, per camminare, variano continuamente i loro rapporti.

Rapporto base-bacino

Il tipo *tutti i venti* è una persona che si muove molto. In questo suo continuo movimento, in cui il bacino varia spesso la posizione, i piedi svolgono un faticoso lavoro per tenere in equilibrio tutto il corpo.

Se osserviamo, infatti, come si consumano le scarpe di questi individui, troveremo le suole usurate asimmetricamente, senza un ordine preciso, e le tomaie tenderanno a dilatarsi sia all'interno che all'esterno.

Nel rapporto base-bacino giocano un ruolo funzionale importante le ginocchia. È per questo che abbiamo l'impressione di trovarci di fronte a un "molleggiato" (sono spesso abili ballerini di danze in singolo: shake, twist ecc.): muoversi in questo modo infatti comporta un continuo spostamento del peso corporeo tale che le ginocchia, per necessità chinesiologica, devono flettersi per ammortizzare.

Rapporto biella-asse trasversale

Il movimento sincrono delle braccia con le gambe, in questi soggetti, muta: infatti il bacino bascula e si sposta a destra e a sinistra senza un orientamento preciso e così l'asse trasversale, tanto da apparire scollegati.

L'aspetto simbolico

Nel tipo *tutti i venti* il pendolo (movimento basculante del bacino tipico della donna) e il metronomo (spostamento antero-posteriore delle spalle tipico dell'uomo) sono entrambi presenti, tanto da amalgamarsi e confondersi l'uno con l'altro.

È un modo di camminare da adolescenti, tipico cioè di quell'età in cui l'identificazione sessuale non è ancora definitiva e maschile e femminile sono confusi. Si fa fatica a operare delle scelte in autonomia, e tutto il corpo evidenzia questa incertezza.

La polidirezionalità del bacino e delle spalle è tale da offrire un'immagine assai dinoccolata. Come una barca ferma in mezzo al mare con le vele flosce segue il ruotare della brezza, così il nostro soggetto si lascia spingere, come una banderuola, dal vento che al momento è più forte. L'essere una banderuola da adolescenti è fisiologico, ma via via che si cresce, la compresenza di pendolo e metronomo deve ridursi fino a una chiara differenziazione.

«Non so più dove mettermi – dice Massimo – soffro in tutte le posizioni, e quando ne ho trovata una, dopo pochi minuti mi fanno male i muscoli e devo muovermi per cercarne un'altra».

Il paziente soffre da tempo di dolori diffusi alla colonna vertebrale e recentemente di un'instabilità alle ginocchia che descrive così: «Non riescono a sostenermi con efficacia, le sento molli e con poca forza».

Massimo appartiene al tipo *tutti i venti*, tanto che nella sua storia riferisce di aver sempre dato l'immagine del dinoccolato. Inoltre, di fronte a una scelta di vita, incontra molte difficoltà a mantenerla nel tempo, perchè la comparsa di una "corrente" o di un "vento" nuovo lo porta a deviare l'orientamento precedente.

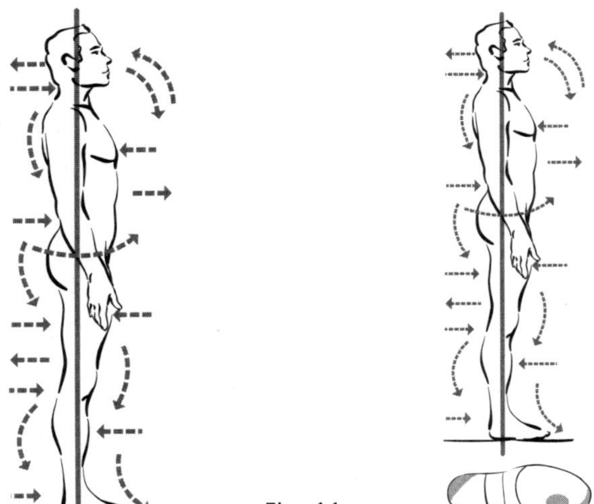

Fig. 11

Il tipo "tutti i venti" si muove molto. Le sue scarpe hanno le suole usurate asimmetricamente e le tomaie tendono a dilatarsi sia all'interno che all'esterno.

Infatti, Massimo è proprio disorientato non solo nella postura e nel cammino, ma anche esistenzialmente: «Mi sembrava di essere innamorato di Maria, ma da quando ho lasciato Sandra non so più ciò che provo e mi sembra di traballare da una all'altra».

Ciò che si può notare negli individui di questo tipo è una mancanza di stabilità corporea (evidenziata in Massimo dal "cedimento" delle ginocchia), e in parallelo un'incostanza tale da apparire inaffidabili.

Tuttavia c'è, per il "dinoccolato", una possibilità di star bene: deve sapersi adattare a *tutti i venti* senza perdere la propria individualità.

Essere talmente elastico da apparire influenzabile e dispersivo ma, alla fine, portar sempre la barca in porto.

I rischi

Come nella barca a vela tutte le strutture che sostengono l'albero vengono messe in tensione dal vento, così legamenti e muscoli, per sostenere l'albero-colonna nelle sue funzioni, necessitano sia di rigidità che di elasticità.

L'individuo *tutti i venti* ha le strutture muscolari e legamentose piuttosto lasse, di conseguenza i disturbi più frequenti potranno essere dolori ai grandi snodi articolari (spalle e anche), cedimenti alle ginocchia con meniscopatie e predisposizioni a distorsioni alle caviglie.

Dal punto di vista psicologico l'adolescente *tutti i venti* – e ancor più l'adulto – rischia di non sapere direzionare al meglio le proprie scelte, disperdendo energie a destra e a manca, a seconda delle correnti del momento.

Appare molto influenzabile fino al limite di venire, ogni tanto, un po' manipolato; raramente peraltro gli vengono affidate responsabilità, perchè, come dicevamo in precedenza, dà l'impressione dell'inaffidabilità.

Attenzione! Le varie tipologie illustrate in questo capitolo possono trarre giovamento da particolari esercizi illustrati in appendice, da pag. 179 a 190.

Questo capitolo è stato realizzato con la collaborazione di Giovanni Oliva, fisioterapista, responsabile dell'Area Riabilitativa dell'Istituto Riza di Medicina Psicosomatica.

Dimmi come ti siedi…

Il mondo su una sedia

In questo capitolo ho voluto proporre una chiave di lettura che prende avvio da come ognuno di noi si accomoda su una sedia, per arrivare a tratteggiare degli stili che sono soprattutto di vita, e solo successivamente posturali.

In particolare ho preso in considerazione i modi di sedersi tipici di quando ci si trova in compagnia di una o più persone: è un po' come se, in quelle occasioni, il corpo dialogasse con il mondo circostante, litigasse, tenesse il broncio o le distanze; proprio queste situazioni di relazione rendono significative le espressioni corporee, dilatando la possibilità di raccontarsi...

Nell'interazione con l'ambiente l'individuo gioca una partita dove postura e disposizione dei segmenti corporei interpretano un ruolo da protagonisti. Come scrive Ken Dychtwald, che ho citato nel primo capitolo di questo libro: «Le montagne, le valli e i fiumi del nostro corpo raccontano a noi stessi e agli altri la nostra vita. Via via che imparate a leggere il vostro psicosoma, godetevi il modo in cui i vostri muscoli e le vostre membra sono giunti a raccontare le vicende che sono vive dentro di noi, le storie che narrano le esperienze passate, le passioni presenti e i sogni futuri».

Dimmi come ti siedi...

«Prego, si accomodi» oppure «Fai come se fossi a casa tua!» sono espressioni verbali con cui comunemente si accolgono i nostri interlocutori. Ma queste che sembrano semplici frasi di cortesia, ci inducono in realtà a considerare un aspetto molto significativo del linguaggio corporeo. Mettersi comodamente seduti, infatti, rappresenta l'occasione per esprimere – spesso inconsapevolmente – l'autenticità del nostro modo di porci nei confronti di noi stessi e degli altri.

Dall'osservazione della posizione seduta prediletta, si possono infatti facilmente dedurre atteggiamenti e comportamenti generali e originali, riguardanti le modalità di relazione che caratterizzano ogni individuo.

L'atto di sedersi viene compiuto decine e decine di volte al giorno. Gli schemi dei movimenti che occorrono per effettuarlo diventano il più delle volte degli automatismi incontrollati. Questo conferisce loro una spontaneità difficilmente ritrovabile in altri tipi di movimento.

Ciascuno ripropone, ovviamente con qualche variante, un proprio peculiare modo di sedersi, sia da soli che in presenza di altri. Mettersi comodamente seduti, liberi quindi dalla forza di gravità che inevitabilmente condiziona la posizione eretta e il movimento, consente di attivare naturalmente uno stato di benessere e di quiete, nel quale è possibile intravedere una modalità di stare con noi stessi e di proporsi al mondo circostante. Inoltre, lo stare seduti consente di valutare meglio la posizione delle varie parti del corpo, offrendo così un maggior numero di elementi di considerazione.

I parametri di studio

Nell'osservazione del soggetto seduto va considerato innanzitutto l'assetto globale del corpo in relazione alla poltrona e al pavimento. Va cioè valutata la posizione del soggetto rispetto al sostegno (se sta appena appoggiato alla sedia, quasi in procinto di alzarsi o ampiamente adagiato su di essa); la presenza o meno di contatto dei piedi con il pavimento; la possibile asimmetria o simmetria delle varie parti del corpo rispetto a un ipotetico assetto corporeo perfettamente allineato.

Contemporaneamente va studiato il rapporto tra i vari segmenti corporei (busto-bacino, gambe, spalle-testa, braccia-mani), che esprimono un aspetto espressamente relazionale, dettato dai messaggi che in quel momento il soggetto sta inviando inconsapevolmente al mondo esterno. Questo tipo di osservazione permette di individuare alcune posizioni fondamentali, più altre aggiuntive, alle quali corrispondono diversi "modi di essere al mondo".

Ciascuna di queste posizioni, infatti, è caratterizzata da una particolare postura, che tradisce specifici aspetti psicologici e relazionali. Lo "stare fermi" può svolgere, attraverso le numerose informazioni che la postura ci fornisce, la funzione di rivelatore dei nostri stati emotivi e affettivi. In particolare, andremo ora ad analizzare come il semplice atto dello "stare seduti" possa aiutarci a tratteggiare tutta una serie di informazioni che ci raccontano chi siamo.

Osservando attentamente "come" siamo soliti sederci, è infatti possibile andare a scoprire quali sono le nostre abitudini, come viviamo, cosa pensiamo degli altri o di noi stessi ecc.

1) Sono qui, ma solo perché devo farlo

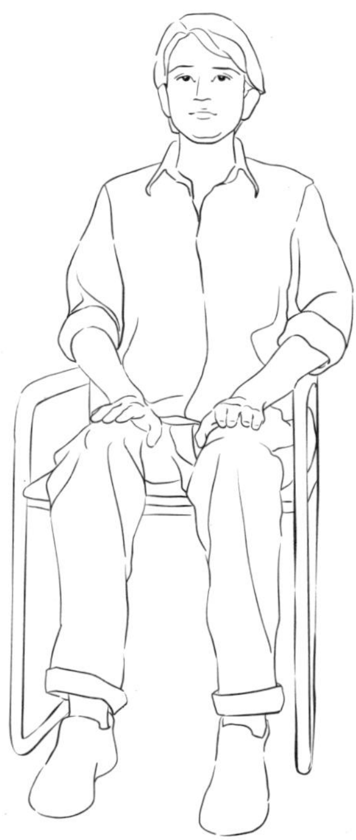

Fig. 1

La posizione: io non mi smuovo

Seduto con il bacino e la schiena dritta appoggiati allo schienale, le gambe perpendicolari al terreno, i piedi paralleli bene a terra, la testa dritta, i gomiti vicino al tronco, le mani sulle cosce. Ligio alle regole della società, chi si siede in

questa posizione è un individuo che non concede alcuno spazio alla propria emotività, sulla quale sente di dover esercitare un controllo continuo e "spietato".
Il messaggio che trasmette è di "dover" stare in quel posto a ogni costo (e al di là di un qualche benché minimo sincero gradimento...). Il risultato è un'immagine globale severa, impettita, ben educata, con un senso di riservatezza e di ostinazione.

Ecco la posizione più "corretta" che possiamo tenere... Facilmente la assumeremo durante un esame o un colloquio importante, ma se non riusciamo ad abbandonarla neppure quando siamo soli, forse è perché tendiamo a controllare troppo le nostre emozioni.

Come vuole il galateo

«Quando si sta a tavola, devi stare dritto... tieni giù i gomiti dal tavolo... stai composto...». Chi non ha, tra i suoi ricordi infantili, memorie di ammonimenti simili, quando i nostri genitori cercavano di insegnarci come si sta a tavola?

Molto simile alla posizione illustrata è quella che il galateo prescrive per i pranzi, ossia quella che sicuramente consente la maggiore disponibilità alla relazione con gli altri, come appunto dovrebbe accadere a tavola.

È per questo motivo che in situazioni in cui occorre essere "disponibili" ci capiterà di assumerla automaticamente: per esempio nell'ambito di una riunione di lavoro o durante un colloquio importante; cioè, in momenti in cui è necessaria una maggiore recettività mentale a scapito di una mobilità corporea.

Chiaramente tutto cambia quando vediamo una persona così seduta, per esempio, in una sala d'attesa di un aeroporto o di uno studio medico dove, non essendoci l'obbligo alla relazione con l'altro, questa ricettività non è necessaria.

Rigido come un automa

Andrea, 24 anni, agente di cambio, aspettando l'incontro con il terapeuta è seduto in sala d'attesa immobile nella posizione descritta. Un torcicollo cronico è il sintomo principale per cui è giunto dal medico agopuntore. Durante il primo colloquio con il medico, si evidenzia inoltre un problema inerente la sfera emotivo-esistenziale: «Non ho ansie, non ho emozioni, ho una nube in testa che non mi fa vedere chiaro. Mi sento come un robot!».

All'osservazione del terapeuta su come anche la sua postura, sia in sala d'attesa che in terapia, richiami l'immagine dell'automa, Andrea risponde: «Devo stare così, perché solo immobilizzando il mio corpo la mia mente è più attenta e fa meno errori... Però mi sento in una corazza, con i muscoli rigidi, stretto in una morsa...».

Prima il dovere...

La storia di Andrea evidenzia una vita in cui i doveri abbondano e dove le emozioni devono stare costantemente sotto controllo. La postura dunque ben evidenzia, nell'immobilità e nella mancanza di mimica, il risvolto corporeo di tutto ciò.

Se infatti questo modo di sedersi è vantaggioso dal punto di vista muscolare (o addirittura adeguato in alcuni momenti), è altrettanto vero che adottare questa posizione senza variarla mai richiama una modalità rigida di attenersi alle regole a discapito dell'emotività che il corpo potrebbe esprimere.

Sembra quasi che il soggetto esprima il "dovere" di stare in quel posto: «Dite quello che volete, non c'è niente che mi smuova», ecco che cosa sta esprimendo il suo corpo.

Pregi e difetti della posizione

Questa è la posizione ideale per facilitare il corpo a compiere qualsiasi movimento con il minor dispendio energetico possibile. Quando viene usata per stare più concentrati e attenti, ma solo nelle circostanze che lo richiedono, è una posizione vantaggiosa.

Se, al contrario, questa posizione diventa lo strumento per poter controllare le possibilità espressivo-emotive del corpo, perde automaticamente i suoi "pregi", contribuendo in realtà a un eccessivo irrigidimento dei muscoli pettorali e addominali.

In piedi e in movimento

Quando si alza in piedi, questo individuo sembra un soldato sull'attenti, vigile, con la testa dritta che ruota poco e solamente per le cose "importanti". È impettito, monolitico, non gli interessa controllare ciò che lo circonda, ma piuttosto dominare le proprie emozioni. In gruppo questo soggetto non passa certo inosservato, perché appare sicuro di sé, molto gentile, retto da un "dovere intrinseco" di galanteria.

Il suo tipico modo di muoversi è molto attento e viene "giocato" contemporaneamente su due piani: il primo è quello di un controllo assoluto della propria emotività, in modo che essa non possa trasparire all'esterno in alcun modo; il secondo è tutto "calcolato" sulla base del mondo esterno e delle sue regole, di come ci si presenta in società e nel mondo del lavoro, dei doveri dell'"inappuntabilità" e del "bon ton".

A questo scopo, il busto e la testa sono molto fermi, ben dritti, mentre le braccia si muovono poco per non rischiare di trovarsi fuori posto: la loro espressività, come quella delle mani, è tutta manierata.

Un corpo "fermo"

Le gambe risultano essere la parte più viva del corpo, perché a loro è delegata l'attività motoria di un corpo altrimenti "fermo": spostano il corpo nello spazio, ma devono stare bene attente a non fare altro... tanto che è praticamente impossibile riuscire a cogliere questo soggetto "in flagrante" con un ginocchio piegato o seduto con nonchalance a gambe accavallate.

Per questo motivo sono spesso gambe sofferenti, su cui pesa tutto il corpo; al massimo, come variante, l'individuo si permette di spostare qualche volta il peso del corpo da destra a sinistra e viceversa.

L'effort di questo soggetto è molto basso, perché la modalità motoria sopradescritta è diventata praticamente un automatismo che scatta in modo istintivo, permettendo di concentrare tutte le energie nel controllo dell'emotività.

Data l'assenza di qualunque forma di fluidità, questo corpo tutto inserito nelle "regole sociali" non può permettersi di vivere alcun movimento spontaneo e naturale.

2) Sono tranquillo, ma ho tutto sotto controllo…

Fig. 2

La posizione: nulla sfugge

Seduta con il bacino ruotato verso sinistra, la schiena appoggiata alla sedia, le gambe accavallate verso sinistra, il tronco e le spalle ruotati verso destra; il braccio sinistro appoggiato allo schienale, la mano destra sulla coscia, la testa un po' piegata a sinistra (viceversa, il tutto simmetrico dai lati opposti). Questo particolare modo di sedersi denota una continua vigilanza che, da un lato, mira a controllare tutto l'ambiente circostante nel tentativo di neutralizzare eventuali "attacchi"; dall'altro, tende a non rico-

noscere pulsioni e stati emotivi interni, potenzialmente destabilizzanti, che vengono prontamente "spezzettati" e "deviati" lungo l'irregolare avvitamento dei diversi distretti corporei.

Chi adotta questa posizione presta sempre la massima attenzione a ogni dettaglio, perché tende alla ricerca di una tranquillità e una sicurezza, che solo quando è tutto sotto il suo controllo e sottoposto alle sue regole sente di poter avere. Quasi che le forze vitali interne o i potenziali cambiamenti del "quotidiano", a causa della loro imprevedibilità e incontrollabilità, fossero fonte di pericolose perdite di stabilità e orientamento.

Un controllo a 360°

In questa posizione si riesce a controllare contemporaneamente tutto lo spazio circostante. Se è assunta dalla padrona di casa durante una festa servirà a metterci a nostro agio. Se la ritroviamo in un colloquio a due, ci dice che la persona davanti a noi teme un "attacco alle spalle".

Immaginiamo ora di trovarci seduti a un festa in un salotto dove sono presenti numerosi ospiti; facilmente ci capiterà di notare una persona seduta nella postura descritta: è la padrona di casa. La sensazione che emana da questa postura è comunque quella della disinvoltura; tutte le parti del corpo sembrano infatti posizionate con naturalezza.

Ma è proprio così naturale da poterla considerare spontanea? Il corpo è come avvitato su se stesso, tanto che è difficile trovare una linea di simmetria: tutto è asimmetrico, non c'è un'espressione corporea privilegiata e chiara. Anzi... la rotazione della parte alta del corpo in senso inverso rispetto a quella della parte bassa sembra consentire di essere presenti in tutte le direzioni, a scapito di un'unità corporea peraltro mantenuta dalla posizione della testa. Se pensiamo al corpo umano come composto da tre cubi sovrapposti (la testa, il tronco e il bacino) notiamo come i due cubi sottostanti alla testa siano posizionati, tra di loro, con le facce principali (quelle "anteriori") in due direzioni quasi contrapposte, garantendo così una "onnipresenza" della persona in tutto lo spazio circostante.

Tornando al nostro salotto, anche se la padrona di casa non vi sta guardando, una parte del suo corpo lo sta facendo: sembra quasi comunicare che mentre è attenta ad altro sta contemporaneamente ascoltando anche voi. In fondo è una postura rassicurante per coloro che le stanno intorno, per l'invisibile legame che crea con chi ha organizzato la serata. La padrona di casa è iperattenta, sia attraverso il senso dell'udito sia attraverso quello della vista, tanto che non le sfugge nulla: un sussurro a destra o un movimento a sinistra la trovano immediatamente presente con una risposta adeguata perché, ci dice con la sua postura, "la situazione è sotto controllo".

Sempre pronto se arriva un attacco

Possiamo notare questo modo di sedersi anche in altre situazioni che non richiedono un'iperattenzione sensoriale. Vi sono infatti persone che l'assumono anche mentre parlano con un solo interlocutore, seduti al tavolino di un bar oppure in un negozio, o anche in una tranquilla riunione di lavoro... Sono soggetti che vivono in stato di continua vigilanza, forse per paura di non essere pronti a reagire adeguatamente agli imprevisti. Il senso di questa postura è di posizionare costantemente il corpo in una polidirezionalità che, pur non permettendo di trovare una "tranquilla" simmetria, dà però l'impressione di un'estrema sicurezza.

«Mi gira la testa...»

È il caso di Rossana, che chiede un aiuto terapeutico con l'agopuntura per delle improvvise vertigini che insorgono mentre esce dall'ufficio per tornare a casa. Il modo di sedersi della paziente durante i colloqui che precedono la terapia è costantemente quello appena descritto: sembrerebbe disinvolta, eppure... ogni minimo rumore "le fa girare la testa", come se dovesse essere subito pronta a reagire a un possibile pericolo.

«Sì, sto effettivamente vivendo un periodo di paura – dice Rossana – da quando è arrivato il nuovo direttore non mi sento più tranquilla». La paziente, sposata con due figli, avverte da un mese (in concomitanza con l'insorgere delle vertigini) una forte attrazione verso il nuovo arrivato. Possiamo notare come simbolicamente il conflitto tra il desiderio di seguire le pulsioni che la pervadono e il tentativo di resistere venga espresso a tutti i livelli dal corpo di Rossana. Il primo livello è quello delle vertigini (che possiamo leggere come difficoltà a trovare "la giusta direzione" da seguire); il secondo si esprime nella postura "asimmetrica" che frequentemente assume; il terzo (e più profondo) emerge dopo l'esame del terapista della riabilitazione (a cui viene inviata la paziente per un controllo), il quale rileva come la prima vertebra (l'atlante) è ruotata verso destra, mentre la seconda (l'epistrofeo) è ruotata verso sinistra. La paziente, dunque, sta vivendo un conflitto tra due mondi: quello degli istinti e quello della ragione; conflitto che si fissa anche a livello della colonna cervicale, nelle vertebre deputate all'orientamento e al sostegno del capo, in un "disperato" tentativo di mantenere la testa vigile per non... perderla!

Pregi e difetti della posizione

I tre distretti corporei testa-tronco-bacino e gli arti inferiori si presentano in rotazione uno sull'altro in direzioni opposte. In contrasto con l'apparente "scioltezza", non è affatto una posizione comoda ed elastica, ma si rivela invece alquanto rigida nella "fissità" delle sue parti.

Solo il capo può essere mosso liberamente, insieme alla mano non appoggiata alla sedia, unici distretti che la persona sembra voler privilegiare nella comunicazione mimica e verbale con gli altri.

In piedi e in movimento

In piedi, questo soggetto tenderà a ripetere lo stesso "gioco dei cubi" a cui prima abbiamo accennato; ruoterà il busto da una parte e la testa in senso opposto, ottenendo una posizione ancora più difficile da mantenere rispetto a quella da seduto. Tale avvitamento del corpo sembrerà inoltre ancora più artificioso, perché, stando in piedi, bisogna anche lottare contro la gravità. Dal punto di vista motorio, si tratterà di un individuo che utilizza una grande varietà di posizioni tutte basate sulle torsioni e sull'avvitamento. La nota caratteristica generale è la rigidità con cui questo soggetto esegue tutto ciò: l'intera muscolatura è contratta per "posizionare" il corpo nel modo voluto e preordinato dalla testa.

Le braccia sono la parte più attiva del corpo; a esse è concessa una certa libertà espressiva e potranno pertanto, per esempio, aprirsi nello spazio.

Tramite questi movimenti, il soggetto non tende a "incontrare" l'altro, ma fa piuttosto un ulteriore atto di dominio e controllo dello spazio.

3) Ho un asso nella manica, ma non lo mostro…

Fig. 3a

Fig. 3b

La posizione: tu non mi scoprirai…

Seduto appoggiato allo schienale, il bacino in avanti, le gambe accavallate, le braccia e le mani nascoste dietro la sedia, oppure incrociate sul petto, nascoste sotto le ascelle.
Le mani parlano un linguaggio che rivela il nostro stato emotivo. Perciò, se temiamo che possano "tradirci", tendiamo a nasconderle, come accade in questa postura. Se a questo si aggiunge l'accavallamento delle gambe, esprimiamo un ulteriore distacco dalla situazione in cui ci troviamo.

Le mani agiscono nelle relazioni interpersonali un ruolo importante: traducono in gesti quello che stiamo dicendo. Solitamente, dunque, è facile osservare una sintonia tra le parole pronunciate e i movimenti fatti dalle mani. A volte, però, può capitare che i gesti delle mani "tradiscano" qualcosa di non detto: per esempio, le emozioni che non vogliamo esprimere in quel momento. Il meccanismo è simile a quello dei lapsus verbali, solo che in questo caso sono proprio le mani a inserire nel discorso "parlato" degli elementi di "ambiguità": possiamo essere dolci nel tono della voce, accarezzare la persona che ci ascolta con lo sguardo ma, se siamo arrabbiati con lei, il gesto svelerà l'aggressività che ci cova dentro; oppure ci capiterà di alzare la voce o di mantenere un tono indifferente, ma ecco le mani tradire l'affetto con movimenti che esprimono dolcezza e sensibilità.

Un segreto da "proteggere"...

Proprio la paura che le mani possano in qualche modo "smascherarci" sembra essere il senso profondo della posizione descritta, dove queste ultime sono accuratamente celate: quasi tenute imprigionate per impedire loro di esprimersi. Tremore, ansietà, nervosismo, aggressività, ma anche dolcezza e desiderio appaiono negati, forse perché ci troviamo in una situazione in cui deve manifestarsi solo il comportamento prefissato. Un atteggiamento di ascolto passivo è l'altro aspetto che sembra emergere dall'immagine globale della postura: come se ci si trovasse in una situazione in cui non si vuole, o non si può, "mettere le mani". È una posizione che richiama alla mente un ascolto diligente, doveroso, volutamente immobile.

Il "gioco della politica"

La postura sembra mimare anche "il gioco della politica", dove, inizialmente, l'atteggiamento più utile è quello di ascoltare le idee altrui senza scoprirsi. L'espressione di ciò che si pensa veramente viene rimandata ad altri momenti, quando la situazione è più favorevole o meglio controllabile. Non è infrequente, infatti, osservare un uomo di potere politico in atteggiamenti posturali in cui nasconde le proprie mani (in tasca, dietro la schiena, sotto le ascelle), sia da seduto che in piedi.

Tutto questo, d'altronde, non fa altro che confermare ciò che dicono sia l'antica cultura egizia che quella araba circa il simbolismo delle mani: e cioè che sono il simbolo dell'autorità, del potere e della forza, e che esprimono tutto il magnetismo dell'individuo. Se comprendiamo questo, capiremo come mai un vero politico (abituato a mistificare fino all'ultimo la propria forza e le proprie idee) tenderà a nascondere le mani fino a quando non sia il momento di esprimersi chiaramente.

Quando si chiudono anche le gambe

A proposito di questa posizione, possiamo notare ancora due aspetti: il primo è che, qualora fosse necessario, le mani possono rapidamente e facilmente entrare in gioco; la seconda è che il petto è scoperto, come a sottolineare l'assenza di timore di essere attaccati o colpiti dall'interlocutore.

Nella variante 3b, invece, l'intreccio delle braccia e delle gambe ci parla di una chiusura pressoché totale. Le mani sono nascoste e, in più, legate in un nodo difficile da sciogliere; proteggono e difendono il torace come fossero un'impenetrabile "corazza" che vieta, contemporaneamente, l'accesso al mondo dell'affettività (rappresentato simbolicamente dal petto) e la fuoriuscita di qualsiasi emozione dal corpo. Questo atteggiamento delle braccia è sia maschile che femminile; quello delle gambe, annodate in un doppio intreccio, è invece molto più facile ritrovarlo in una donna, perché le gambe sono il prolungamento della sfera dell'istintualità, un richiamo e un'arma di seduzione. La donna che adotta questa postura da un lato chiude a doppia mandata le sue parti più intime, ma nello stesso tempo attira lo sguardo come a sfidare seduttivamente chiunque voglia provare a sciogliere l'intreccio.

Pregi e difetti della posizione

Questa postura è solo apparentemente di riposo. In realtà vediamo come nella parte superiore del corpo le spalle compiano uno sforzo notevole per mantenere uno stato di apertura innaturale; la testa è tesa in avanti, costringendo la muscolatura della nuca a restare contratta; infine, nel tratto inferiore, la parte lombare della schiena forma un arco eccessivo. Tutto questo lavoro muscolare evidenzia lo sforzo energetico che deve compiere una persona che voglia nascondere le mani; sforzo che sembra meno visibile nella figura 3b, a cui si deve però aggiungere quello necessario a mantenere l'intreccio delle gambe. Questa variante ci parla quindi di un controllo sull'espressività mimica più accentuato rispetto a quanto avviene nella figura 3a.

In movimento

Da un punto di vista motorio, il soggetto della figura 3a è tendenzialmente dinamico e può muoversi rapidamente. Abbiamo detto che si tratta di un soggetto che ha timore della propria emotività e soprattutto che ha timore di manifestarla. Il torace è esibito, ma non per essere aperto e disponibile: si tratta di un'apertura che è la risultante dello sforzo della muscolatura posteriore del corpo per tenere nascoste braccia e mani. Per quanto riguarda il soggetto della figura 3b, la doppia chiusura della parte bassa del corpo ci parla di un problema ulteriore a carico della zona pelvica, che risulta chiusa in senso protettivo. È inoltre più "lento" del soggetto della figura 3a. Le gambe risultano infatti meno agili ed elastiche e il bacino chiuso non ne facilita il movimento.

4) Rilassato, tranquillo, ma vigile: ecco il leader

Fig. 4a

Fig. 4b

La posizione: sicurezza che non fa paura

Seduto con il bacino in avanti, le spalle e la parte alta della schiena contro lo schienale, le braccia aperte e appoggiate a ciò che sta intorno (oppure appoggiate sul capo), il resto della schiena staccato, le gambe aperte, i piedi con appoggio indifferente. La persona che si siede in modo così "aperto" è certamente un uomo che ostenta sicurezza nei suoi mezzi. Ciò nonostante, proprio il fatto che lasci scoperte le proprie parti vitali (ascelle, petto ecc.) fa sì che egli non incuta soggezione.

La sicurezza che emana da questa postura non è solo apparente, ma è l'espressione profonda di chi sa di avere sotto controllo tutto quello che accade attorno a lui. È così disinvolto da non avere paura di esporre il cavo ascellare, punto di grande vulnerabilità. Il controllo totale della situazione e la tranquillità che il suo "essere il più forte" gli conferisce sono infatti sufficienti per neutralizzare qualsiasi moto aggressivo di difesa o di affermazione prepotente di sé, consentendogli anzi di entrare in rapporto con il gruppo, per accoglierne gli spunti interessanti, per "proteggerlo" e per conferirgli una guida.

Il "capo" è pronto a tirare le fila del discorso

Durante una riunione è molto raro osservare due persone sedute contemporaneamente in questo modo: si tratta infatti della postura tenuta frequentemente dal leader di un gruppo. Tutto il corpo della persona emana sicurezza, come se stesse stringendo gli altri partecipanti in un grande abbraccio protettivo, ma non materno.

Nel caso della figura 4a, la posizione della testa evidenzia una vigilanza e un'attenzione che sembrano contrastare con l'atteggiamento molto rilassato di tutto il resto del corpo. Un rilassamento che non deve assolutamente essere scambiato per stanchezza.

Si tratta di un individuo che ascolta molto; lascia parlare tutti prima di prendere la parola e lo fa solo per tirare le fila del discorso. È comunque l'ultimo ad avere la parola. Le braccia si aprono come a occupare il più ampio spazio possibile, cercando dei punti di appoggio, proprio come fa la sua mente brillante che ascolta più voci, per poi arrivare alla sintesi.

Quando è seduto in gruppo non sta mai nel mezzo o dietro, ma di fronte a tutti, oppure si colloca di lato; comunque, ben in evidenza, in una posizione che gli consente di abbracciare con lo sguardo i suoi "collaboratori" e di focalizzare, quando sarà necessario, su se stesso l'attenzione di tutti. L'aspetto più interessante di questa postura però è un altro: dicevamo, infatti, che le braccia sono aperte, tanto da lasciare scoperto il cavo delle ascelle.

Scopre le ascelle perché...

Secondo la Medicina Tradizionale Cinese, proprio vicino al centro delle ascelle si trovano i due punti di inizio degli importanti canali energetici (i cosiddetti "meridiani") del Cuore e del Maestro del cuore.

Nella filosofia agopunturistica, questi due meridiani rappresentano rispettivamente la parte solare e quella di fuoco dell'essere umano; dal punto di vista analogico si tratta di quella parte dell'aspetto affettivo che, quando giunge al massimo sviluppo etico e mentale, sa coordinare tutta l'energia dell'essere umano. Proprio per questo, per esempio, il cavo ascellare è considerato un punto vitale, da proteggere e sfruttare con cautela in tutte le arti marziali orientali.

Il fatto che l'individuo da noi definito "leader" non abbia paura di aprire e lasciare scoperta questa parte vitale e vulnerabile evidenzia una profonda sicurezza. Tutto questo è sottolineato dal fatto che il soggetto sembra essere assolutamente incurante della possibilità di venire aggredito.

Se manca di carisma non riesce a star comodo

È possibile che questa posizione sia assunta anche da chi non possiede le caratteristiche di cui stiamo parlando, ossia da una persona che cerca di dimostrare una sicurezza che in realtà non possiede.

Quello che tradirà allora il "falso leader" è il tempo; infatti, l'esposizione del cavo ascellare è per lui una "fatica", quindi si sentirà comodo in questa postura solo per un periodo limitato. Appena comincia a nascere in lui l'insicurezza, eccolo cercare una posizione diversa, che lo faccia sentire più comodo, in cui classicamente noteremo una "chiusura", delle braccia o di tutto il corpo, che abbandonerà solo quando sarà nuovamente sicuro di non correre rischi.

Se siamo a fine riunione, le mani reggono la testa

Nella figura 4b, l'unica differenza è l'atteggiamento delle mani, che, in questo caso, sono appoggiate sul capo. È come se i punti d'appoggio che il soggetto ha cercato tra i presenti (grazie alle braccia allargate) ora dovessero essere trovati nei suoi pensieri. Ecco allora le mani intrecciarsi sul capo, come a chiudere un campo energetico. Nella variante illustrata dalla figura 4b, frequente nelle donne leader, le mani sostengono e tengono a riposo la testa. Spesso compare verso la fine della riunione, nel momento in cui l'individuo può abbandonare il controllo della situazione.

Pregi e difetti della posizione

Si tratta in generale di una postura in cui il corpo è rilassato, a eccezione della muscolatura cervicale che è un po' in tensione. Tant'è che nella variante 4b, l'atteggiamento caratteristico è quello di mettere a riposo la zona cervicale.

In piedi e in movimento

Anche nella posizione eretta, il leader è una persona che si nota subito. Contrariamente a quanto avviene da seduto, egli si pone istintivamente in mezzo al gruppo, perché ne rappresenta il centro. Spesso le gambe sono divaricate, la schiena ha un atteggiamento elastico; quando deve guardare in altre direzioni, ruota con tutto il corpo per comunicare la sua grande disponibilità. Le mani possono essere tenute in tasca, non per nasconderle, ma per una naturale disinvoltura.

Dal punto di vista motorio è un soggetto che dimostra subito un buon rapporto con il proprio corpo. Lo utilizza tutto, non vi sono zone rimosse né contratture muscolari evidenti; l'unico punto eventualmente dolente è il collo, dove talvolta la testa può "pesare". In generale si può dire che il soggetto, padrone della situazione in senso lato, è anche padrone del proprio corpo e del proprio movimento.

Le braccia tendono a essere molto libere dal punto di vista motorio e si esprimono in movimenti ampi e accondiscendenti, tipici di colui che è sicuro della sua posizione. Le spalle sono aperte; il busto, l'addome e il bacino esibiti con tranquillità; le gambe sono libere di prendere le posizioni più svariate. La camminata è tranquilla e distesa.

L'effort è armonico, anche se leggermente in eccesso a livello della nuca e della colonna cervicale. Il flow è buono.

5) Sempre pronta a scappar via

Fig. 5a

Fig. 5b

La posizione: un salto e via

Seduta in punta della sedia, con i piedi bene a terra; il tronco, le spalle e il capo in avanti, i gomiti estesi e le mani appoggiate sulle ginocchia, oppure sotto le cosce. Direzione dello sguardo: dritto davanti a sé. Quante volte capita di essere a disagio o in difficoltà nel luogo in cui siamo seduti? Ecco allora che la posizione "in punta della sedia" ci viene in soccorso, quasi a rassicurarci con il suo significato simbolico di "pronto per la fuga"... Ancora meglio, poi, se le mani appoggiate sulla sedia si prestano per agevolarci il balzo in avanti "verso la libertà".

La sensazione che una persona seduta in questo modo ci trasmette è quella di essere sui "blocchi di partenza", pronta ad allontanarsi appena la situazione dovesse diventare pericolosa. Quando questa postura si fa abituale ci parla di un individuo che vive uno stato di "fuga perpetua".

Stavo proprio per andarmene...

Una persona seduta come in figura 5a si può facilmente trovare alla fine di un incontro, di una riunione o di una conversazione di qualsiasi tipo. È infatti una postura che, normalmente, precede di poco l'atto di alzarsi in piedi. Quante volte tuttavia ci capita di osservare questo atteggiamento in individui che si sono appena seduti e che, magari, dovranno restare su quella sedia per parecchio tempo? Cosa sta comunicando il loro corpo? È in sintonia con la situazione oppure esprime disagio? Chiaramente questa postura ci parla di una difficoltà ad accettare lo stare seduti in quel luogo e in quel momento; in fondo, un individuo che sta seduto così sembra quasi voler dire: «Non so se rimarrò qui a lungo e, comunque, sono pronto ad andar via in qualunque momento...».

Per ora, penso a difendermi...

A ognuno di noi è capitato almeno una volta di sentirsi costretti "in difesa" (magari durante un esame o un colloquio importante), in una situazione dove la fuga è forse l'unico modo per non entrare in contatto, specie a livello emotivo, con gli altri. Ed è proprio questo ciò che sta esprimendo un soggetto che si siede nel modo descritto. Lo sguardo vigile e iperattento; la tensione muscolare delle spalle e delle mani, che appoggiano quasi con forza sulle ginocchia; tutto sembra evocare l'immagine del corridore ai blocchi di partenza.

Quando la situazione comporta emozioni che sentiamo di non poter sopportare o con cui non vogliamo entrare in contatto (naturalmente a livello inconscio), il corpo diventa testimone di questo conflitto. Eccolo allora bloccarsi in tensione in una posizione di parziale chiusura, che evidenzia la nostra incapacità ad accogliere fino in fondo le parole (con i concetti e i sentimenti che esse contengono) che stiamo ascoltando e il nostro rifiuto a partecipare a una eventuale discussione.

Le mani danno una spinta ulteriore

La figura 5b indica una delle più frequenti varianti della posizione sopra descritta. La testa, le spalle e il tronco parlano un linguaggio simile a quello espresso dalla figura 5a; le mani poste sotto le cosce sembrano invece esprimere un apparente ancoraggio. In realtà, alzarsi in piedi, partendo da questa posizione, è ancora più facile proprio grazie alla spinta delle mani sulla sedia. In questo caso, dunque, le mani caricano di ambiguità l'immagine globale della postura: se da un lato, infatti, lo stare seduto nel centro della sedia, e non in punta, dà l'impressione di voler rimanere in quel posto, al contrario l'alzarsi in piedi, per "scappare", è continuamente sottinteso perché reso più agevole dalla spinta.

Una vita "in fuga"

Mario, impiegato postale di 28 anni, al primo colloquio con il terapeuta si siede proprio nel modo descritto.

Soffre da circa dieci anni di dolori all'osso sacro, via via ingravescenti (non dimentichiamo che quando si tende ad assumere spesso tale posizione quest'osso è ipersollecitato dal peso del corpo).

«Questo dolore non mi fa stare seduto comodo, è come se avessi continuamente bisogno di muovermi...». In concomitanza con l'insorgenza del dolore, Mario riferisce degli episodi di eiaculazione precoce durante le sue prime esperienze sessuali.

Possiamo leggere in entrambi i disturbi lo stesso problema centrale: quello di vivere il rapporto interpersonale come qualcosa da non approfondire mai. Infatti, se a livello sessuale l'eiaculazione precoce rappresenta una sorta di "fuga" attuata per non prolungare nel tempo l'incontro con il femminile, analogamente in Mario la posizione sulla sedia, che lui afferma essere la sua abituale quando si trova con altre persone, comunica la sua impossibilità di restare a lungo in un posto per paura di confrontarsi in modo adulto con gli altri. Tanto che il dolore all'osso sacro è solamente l'ultimo anello di una catena, e rappresenta la giusta "scusa" per potersi muovere e "scappar via" da quelle situazioni in cui si "prospetta" un contatto con gli altri.

Pregi e difetti della posizione

Questa è una posizione di "non riposo", nella quale sicuramente le spalle sono contratte, il collo è rigido e le braccia sono in tensione; tutto il peso è scaricato e suddiviso tra l'osso sacro e le caviglie.

Quando questa posizione diventa cronica, però, è indice di qualche cosa che non va: come mai tutta questa fretta di andarsene? Che cosa, nelle relazioni con gli altri, ci mette così a disagio o perfino ci spaventa?

Le numerose tensioni create dal corpo in questa posizione sono indice di altrettanti "blocchi" interiori, che non ci consentono di vivere liberamente le nostre emozioni e, di conseguenza, anche il nostro rapporto con l'altro. Tanto che la nostra soluzione preferita sembra essere proprio non affrontarle mai...

In piedi

In questi individui possiamo ritrovare una postura analoga anche quando sono in piedi. Li troveremo spesso, magari in prossimità di uscite (porte, corridoi ecc.), appoggiati a una parete con una gamba piegata, il piede e le mani dietro la schiena contro il muro. Insomma, in una posizione in cui, grazie a una leggera "spinta" delle mani e dei piedi, possono "lanciarsi" in movimento altrove.

In movimento

Il movimento tipico di questo individuo è a scatti. Dallo stato di quiete, seduto o in piedi, passa a uno stato di moto senza alcun preavviso. I primi movimenti effettuati tendono a essere particolarmente accelerati e nervosi: poi, gradualmente, questa caratteristica sfuma un po'.

Non c'è una distribuzione armonica nel corpo: la schiena, molto contratta, tende ad "accorciare" i movimenti delle braccia, mentre le gambe sono rapide e attive. La muscolatura non riesce a distendersi in un movimento prolungato che vada a esaurirsi naturalmente, ma è sempre "fermata" dalla testa. La parte alta non si "apre" mai in senso accogliente: il tronco è corazzato.

Il soggetto privilegia la frontalità, la testa è sempre molto vigile, come all'erta; usa poco la lateralità del corpo, non si permette mai di esplorare lo spazio sulle diagonali, come se ciò potesse metterlo in una situazione potenzialmente pericolosa. In generale, sembra che il suo corpo dica: «Il nemico si affronta faccia a faccia: è più facile difendersi da un attacco frontale».

I gesti, per lo più, sono solo funzionali, mai espressivi o "descrittivi".

6) Sono seduta qui con voi, ma mi faccio i fatti miei...

Fig. 6

La posizione: mi allontano dalla realtà

Seduta, le gambe intrecciate all'indiana, la schiena appoggiata, le mani sulle ginocchia, le spalle rilassate, la testa leggermente in avanti. La posizione a gambe incrociate è comoda e spontanea se ci si siede per terra.
Quando ci si accomoda così su una sedia, vi possiamo leggere una certa difficoltà ad accettare la realtà circostante.

L'aspetto che colpisce di più in questa postura è che le gambe sono sollevate da terra; è come se, evitando il contatto con il terreno, l'individuo si sentisse "al di sopra" di quanti lo circondano. Si tratta spesso di persone che privilegiano il mondo spirituale, perché vivono la realtà come indifferente o pericolosa...

"Io mi basto..."

Sedersi per terra con le gambe intrecciate durante un picnic, intorno a un fuoco o in una serata in casa tra amici può essere naturale e indicativo di una disponibilità alla comunicazione diretta e informale. Ben diverso è il senso della stessa posizione qualora questa avvenga su una sedia. La sensazione che questa postura trasmette è quella di una persona distaccata dai presenti, lontana e intoccabile dalle parole, intenta ad ascoltare seduta in una posizione "comoda" ma che dimostra, con il suo corpo, di bastare a se stessa.

Mi allontano da questo mondo

Giovanna, 42 anni, è una donna che soffre di una seria forma depressiva, oltre che di una quotidiana colite (talora alternata a una cefalea intensa). Durante una seduta di psicoterapia, parla in questi termini del suo disagio esistenziale: «Non mi piace questo mondo, lo trovo volgare, non c'è più etica, moralità... Sa quella morale antica che sosteneva ogni rapporto d'amore? Non esiste più e io mi sento orgogliosamente "non degna" di appartenere a questa realtà, anche se purtroppo ci devo vivere». La postura mostrata nella figura è la preferita dalla paziente in quasi tutte le circostanze in cui è con altre persone, persino di fronte al terapeuta.

«Solo lo yoga mi è d'aiuto: lì controllo tutta me stessa, è come se attraverso questa disciplina imparassi a vivere senza il bisogno di nessuno».

Il modo di stare seduta di Giovanna è appunto la posizione che nello yoga viene preferibilmente usata per la meditazione. La pratica di questa filosofia orientale, però, richiede che la posizione sia attuata a terra; in questo modo il contatto con il suolo, e con le radici che questo simbolicamente rappresenta, è il mezzo per arrivare a un'interiorizzazione che apre poi la via alla coscienza dell'universale. Siamo dunque ben lontani dalle intenzioni della paziente che vorrebbe, al contrario, isolarsi, essere indipendente da tutti e allontanarsi da una materia-terra in cui non si riconosce.

Anche in compagnia, mi sento sola...

Più in generale possiamo notare che il messaggio non verbale inviato da una persona seduta in questo modo sembra essere: «Il mio corpo è qui con voi, ma in realtà io sono sola con me stessa». A volte, si tratta di individui che fanno fatica ad accettare una realtà comune, tendendo piuttosto a prediligere una propria concezione del mondo, che non mettono mai in discussione; tanto che, quando si scontrano con le peculiarità altrui, preferiscono distaccarsi dal contesto, mantenendo una partecipazione formale, ma allontanandosi da quello spazio-suolo che accomuna tutti.

Naturalmente, assumere questa posizione occasionalmente non significa avere una tendenza "al distacco dal mondo" in generale, come accadeva invece nel caso di Giovanna. Tutt'al più, può essere presente in quel determinato momento un disagio per una relazione che non suscita il nostro interesse.

Pregi e difetti della posizione

La particolarità da sottolineare in questa posizione è che le gambe intrecciate allargano la base di appoggio di tutto il corpo; in questo modo, il centro di gravità si abbassa, migliorando la stabilità a scapito però del movimento. Infatti, risulta difficile e impegnativo alzarsi velocemente, in quanto ci si deve "svincolare" dall'annodamento creato con le gambe.

La respirazione è avvantaggiata perché è favorito il naturale movimento del diaframma.

La schiena non è impegnata dal lavoro muscolare e ciò spiega come mai questa posizione sia particolarmente confortevole.

Per contro, potrebbero esserci eventuali fastidi nel tratto lombare nel momento in cui ci si alza in piedi.

In piedi e in movimento

Dal punto di vista motorio, si tratta di un soggetto che a un primo sguardo sembra riuscire a usare tutto il corpo in modo abbastanza armonico. Un'osservazione attenta, in realtà, va a scoprire le disarmonie a livello degli arti inferiori e dei piedi, che danno l'impressione di poggiare "di fuggita" al suolo, lasciando il contatto troppo presto.

Quando cammina, questo soggetto sembra quasi che "voli": non perché la camminata è leggera e armoniosa, ma perché l'individuo sembra evitare un contatto troppo prolungato con la terra e la sua energia, evidentemente ritenuta pericolosa. Inoltre, il bacino appare "scarico" di energia e ciò è particolarmente evidente quando cammina: è come se l'energia vitale si fermasse all'altezza della vita e non scendesse più in basso. Gli arti superiori, che simbolicamente esprimono il contatto con gli altri, hanno l'aria di essere poco forti; i movimenti che ne derivano sono tendenzialmente esangui.

Il linguaggio della sessualità

Posizioni dell'amore, posizioni dell'anima

Ogni "posizione sessuale" simboleggia un modo diverso di scendere in campo nella vita. Come se nelle differenti posture con cui facciamo al 'amore ognuno proiettasse aspetti diversi della propria energia, del proprio carattere. Le molteplici posizioni del Kamasutra avevano proprio questo significato, ovvero di accendere un interruttore nell'anima, di portare un individuo, attraverso il piacere, a dar spazio a modi diversi di essere.

Da qui può partire una lettura tutta psicosomatica della sessualità e delle "posizioni dell'amore". Ogni posizione può concepirsi come una "gestalt" energetica che disegna la parte di noi che mettiamo in gioco, così come l'atmosfera dell'incontro, l'atteggiamento mentale ed emotivo, la carica energetica che ne deriva. Una posizione può per esempio ispirare un'immagine di forza e di predominio maschile, un'altra rimandare invece una carica di dolcezza in cui il femminile circola libero... Riconoscere e utilizzare la posizione più adatta a noi e alla stagione della vita che stiamo vivendo, ci aiuta a esprimerci spontaneamente e a evitare che l'abitudine invada lo spazio della sessualità e rappresenti uno tra gli ostacoli maggiori al fluire libero dell'energia. Tradizioni molto antiche, la cinese e l'indiana, per esempio, hanno sempre puntato a incontrare la sessualità attraverso complessi rituali, come quelli tantrici; era chiaro, per tali culture, che la valenza energetica della sessualità può essere incanalata lungo molti percorsi, creando atmosfere e atteggiamenti mentali differenti... In una cultura dove tutto è yin (femminile) o yang (maschile), quando una donna assume un ruolo attivo e fa l'amore stando sopra il proprio partner... cambia un mondo! È un po' come se la terra e il cielo si scambiassero le parti...

Dagli animali all'uomo

In natura si assiste a una quasi totale conformità nelle modalità di accoppiamento che avviene da tergo. Il motivo principale per cui il maschio adotta questa posizione è dovuto alla struttura fisica e poi al fatto che, essendo elevato rispetto alla femmina, può mantenere un maggior controllo del territorio. Ciò significa che la posizione anteriore è il frutto di un'evoluzione filogenetica della sessualità umana rispetto agli animali, che via via si è caricata di significati simbolici, culturali, ma anche di tabù. Ne è un esempio quello dovuto alla Chiesa che fino all'Alto Medioevo consentiva come unica posizione sessuale quella cosiddetta del "missionario" (pag. 101). Questa modalità di rapporto è l'unica ammessa anche nella tradizione indiana-ariana, perchè sarebbe la sola con cui la donna può procreare figli maschi.

Sesso: un po' di storia...

La posizione coitale "del missionario", essendo la più usata, viene considerata "normale": si dice che sia biologicamente connaturata all'essere umano. In realtà, e lo affermava già A.C. Kinsey nella sua pionieristica indagine sulla sessualità americana, «Le posizioni del corpo sono un prodotto della civiltà umana allo stesso modo della lingua e dell'abbigliamento, e la posizione euro-americana comunemente più usata (quella cosidetta "normale") era invece rara in altre civiltà quali quelle della Grecia antica e di Roma».

La tendenza a scoprire sempre nuove posizioni dell'atto sessuale è stata una costante nelle grandi civiltà del passato, realizzata in particolare da parte delle classi dominanti.

La letteratura e le arti figurative, soprattutto quelle del mondo orientale (Cina, India, mondo islamico) hanno chiaramente illustrato decine e decine di diverse posizioni.

Uno dei più antichi manuali erotici cinesi (il "Su-Nu", termine che significa "la semplice fanciulla"), descrive nove posizioni classiche. A queste il Tao giapponese ne aggiunge altre trentadue.

La progressiva trasformazione di queste raffigurazioni da schizzi a figurazioni assai realistiche andò acquistando sempre più caratteristiche di pornografia, anche grazie al contributo degli europei nei secoli XVII e XIX. In India la documentazione più significativa e nota è costituita dal

Kamasutra attribuito a Vatsyayana Mallanaga (IV secolo d.C.). Questo testo, scritto sotto forma di aforismi, aveva lo scopo di istruire uomini e donne ai piaceri legittimi del sesso. Nelle antiche civiltà mediterranee il coito non sembra avere mai assunto caratteristiche rituali, salvo che nei culti di origine orientale quali i culti dionisiaci greci. In Egitto le raffigurazioni di posizioni coitali sono rare, anche se un papiro del XIII secolo a.C. ne elenca quattordici.

In Grecia (come testimoniano vasi e terracotte) e a Roma (museo di Pompei) le posizioni conosciute sembra siano state una dozzina.

Nel Medioevo, quale probabile sopravvivenza dell'erotismo pagano, venivano usate, con intenti moralistici di condanna della lussuria, rappresentazioni esplicitamente sessuali di cui sopravvive qualche esempio nell architettura sacra (chiese e cattedrali) di quel periodo.

Nel Rinascimento italiano fecero scandalo le 16 posizioni disegnate da Giulio Romano, che l'Aretino commentò nei *Sonetti Lussuriosi*, e che, incise in rame, furono distrutte. Pe quanto si riferisce al mondo arabo, lo sceicco tunisino Nefzaoui pubblica nel 1500 Il *Giardino profumato* in cui indica quaranta diverse posizioni sessuali.

Nelle pagine che seguono ho descritto e commentato alcune posizioni sessuali... Pur non ritenendo di essere esauriente sulle svariate possibilità di accoppiamento tra uomo e donna (per i lettori interessati a quest'aspetto esistono testi "sacri" quali il Kamasutra o il Tao del sesso), ho peraltro scelto di descrivere e commentare quelle più significative da un punto di vista simbolico ed energetico.

Da dietro (*more ferarum*)

La più vicina al mondo animale e agli istinti, là dove la razionalità si arrende.

Se è vero che questa è la posizione più vicina al mondo animale, è anche vero che è quella in cui si china la testa, non si vede il volto del partner, lo sguardo è sul corpo.

La donna, in particolare, contatta la terra sulle ginocchia, la testa in basso, la sessualità in alto (fig. 1). C'è proprio una separazione tra la testa, il cuore e il petto che si abbassano, e i genitali che si alzano, sono esibiti e diventano l'elemento "forte" del rapporto. Simbolicamente possiamo allora dire che questa posizione rappresenta l'incontro con la dipendenza femminile, è cioè il mondo dell'abbandono totale.

Ma è anche la più vicina al mondo animale, con l'innalzamento della parte bassa del corpo che contiene i visceri. Ricordiamo che la dimensione simbolica dell'intestino rimanda al mondo dell'ombra, del buio, dello sporco. Portarlo in primo piano significa anche lasciar spazio a componenti volgari, in particolare il linguaggio, che qui sono sollecitate più che in altre situazioni. Per questa sua vicinanza al mondo animale e all'istintualità pura, ecco allora che questa posizione rappresenta simbolicamente il luogo dove la mente e la razionalità si arrendono.

Quando è indicata

Ritornare a un rapporto intenso con la terra e i suoi simboli può essere utile per chi vive troppo con la "testa tra le nuvole". Da questa posizione

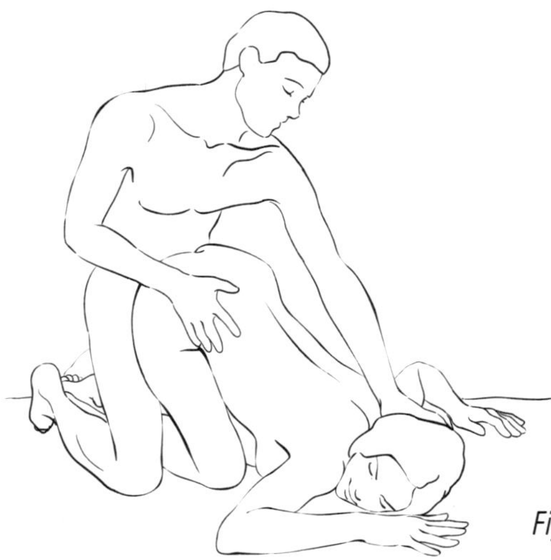

Fig. 1

possono trarre beneficio tutti coloro che sono molto "trattenuti", che esercitano cioè un controllo eccessivo sul mondo dell'ombra, sulle proprie parti istintuali; in particolare chi soffre di colite e di rinite vasomotoria, e, ancora, le donne che soffrono di cefalea e cervicalgia, in quanto qui incontrano l'esatto opposto della propria tipologia relazionale fatta di razionalità estrema e rigidità.

Donna sopra

Il mondo del femminile è finalmente libero di condurre il gioco, seguendo il proprio desiderio.

È il mondo del dominio femminile: infatti stare sopra significa capovolgere i tradizionali ruoli di maschile attivo e femminile passivo.

La donna può incontrare il lato più autonomo e libero, conducendo come vuole il gioco erotico.

Non essendo bloccata dal partner (fig. 2), questa postura le consente di

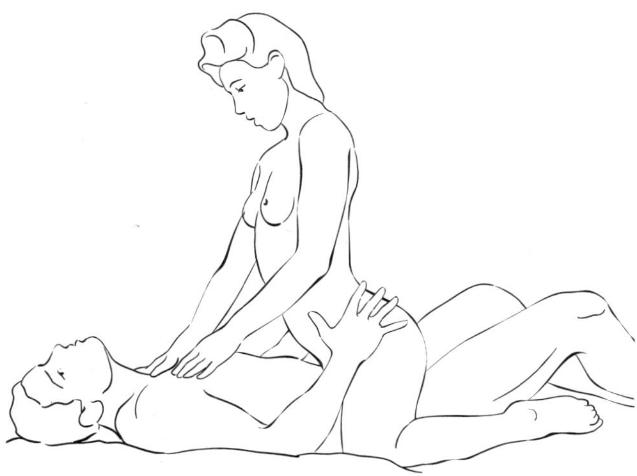

Fig. 2

muoversi a suo piacimento (nel Tao viene definita "la farfalla che si libra nel cielo") scegliendo il ritmo del movimento e il livello di penetrazione: protagonista assoluta, è lei che conduce e determina l'intensità erotica.

A ciò va aggiunto che questa posizione favorisce una maggiore stimolazione clitoridea, consentendo alla donna il raggiungimento di un piacere più "completo".

Non a caso è una posizione che la donna arriva ad apprezzare in età matura, dopo un percorso che la porta a liberarsi dai tanti condizionamenti culturali. Rispetto alle altre, questa è una posizione tra le meno feconde in quanto non favorisce il concepimento: la donna rimane infatti meno impregnata del seme maschile.

Quando è indicata

L'energia che circola più liberamente e la possibilità di cadenzare il rapporto rende questa posizione adatta alle donne che hanno problemi di frigidità, che soffrono di crampi mestruali e di claustrofobia.

È inoltre una posizione consigliata a tutti gli uomini che soffrono di eiaculazione precoce, perché possono finalmente uscire dal ruolo guida che tanto li mette in ansia, riducendola drasticamente. Inoltre questa posizione deresponsabilizzata è particolarmente benefica a tutti i soggetti iperattivi, con tendenza all'ipertensione, che faticano a vivere la passività e che non riescono mai a "lasciarsi andare".

Seduti (faccia a faccia)

Per chi cerca una buona intesa sessuale, o per chi non può... far fatica.

Occhi negli occhi, braccia che stringono il partner, respiro di entrambi che si sintonizza su un unico ritmo (fig. 3). La posizione seduti "vis a vis" è il mondo dell'energia che sale a spirale dal basso verso l'alto, avvolgendo in modo completo e totale i due amanti. In questa "gestalt" non è solo l'erotismo cerebrale a giocare un ruolo primario.

I cinesi non a caso la chiamano "Valle dell'orgasmo", proprio a indicare un coinvolgimento totale e completo anche degli istinti.

Fig. 3

Quando è indicata

Fare l'amore in questo modo è particolarmente utile per chi possiede una buona intesa di coppia oppure per coloro che intendono aumentare la reciproca intimità: nessuna emozione può infatti sfuggire allo sguardo del partner. Non essendo una posizione molto faticosa e richiedendo un limitato dispendio di energia a entrambi i partner, viene consigliata in Oriente anche a persone debilitate o affette da cardiopatie.

Su di un lato

Distesi su un "piano di parità", è la posizione di coppia per eccellenza. In questa posizione i due corpi non hanno una solida base d'appoggio, ma mantengono con reciproci, dolci movimenti, l'equilibrio. Stesi sul fianco, l'uomo e la donna, occhi negli occhi, si vengono a trovare su un piano di parità (fig. 4). Per questo è una delle posizioni "di coppia" per eccellenza. Proprio perché non vi è possibilità di movimenti rapidi o violenti, è la gestalt che maggiormente favorisce lo scambio di tenerezza, in un dare e ricevere vibrazioni lente che permettono un maggior controllo dell'eiaculazione da parte dell'uomo e un totale abbandono da parte della donna. Le mani sono libere e più disponibili alle carezze.

Quando è indicata

È una posizione che permette il rapporto nei momenti di maggior stanchezza del maschile e quando il femminile nasconde nel profondo un oscuro timore verso l'aggressività e il dominio del partner. Durante la gravidanza è l'ideale per la dolcezza del movimento che si viene a creare tra i due corpi e che può configurarsi nell'immagine, carica di tenerezza, di "culla del seme".

Fig. 4

In piedi

La potenza del maschile, la virilità che si esprime nei tratti della forza e della determinazione. In questa posizione la sessualità è soprattutto simbolo di forza virile: in piedi, l'uomo sostiene la donna (fig. 5), testimoniando così un'energia fisica non indifferente. Per l'uomo essere "faccia a faccia" con la partner non serve tanto a ricercare una maggiore sintonia, bensì a mostrare alla donna i tratti della determinazione, della sicurezza in se stessi e di una virile mascolinità. Per questo motivo l'iconografia ci rimanda, ritratti in questa posizione, immagini di uomini "forti": guerrieri, mariti-padroni o comunque figure maschili che esercitano un ruolo di comando e che si impongono. Naturalmente, oltre a essere emblema di potenza maschile, questa posizione richiama il tema del raptus e di una sessualità irrefrenabile e incontenibile.

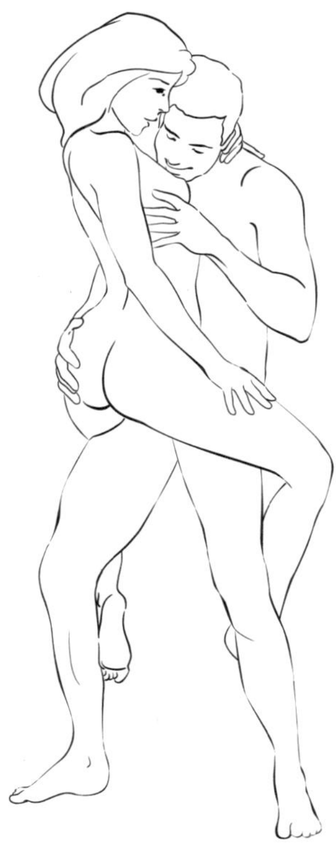

Fig. 5

Quando è indicata

Questa posizione punta, più che altro, a ristabilire il ruolo-guida del maschile nell'ambito della coppia, e a far tornare l'eros e l'istintualità protagonisti assoluti sulla scena.

Del postino (uomo in piedi donna distesa)

La resa totale a un amore travolgente e passionale.

Questa posizione testimonia una resa all'eros imprevista e improvvisa, segno che la sessualità può esprimersi libera, al di fuori di ogni standard o vincolo programmatico. Più dell'amore fatto in piedi caratterizzato dalla determinazione e dalla forza fisica che il maschile vuole affermare, qui si affacciano le regole dell'istante e della passione che travolge: ciò è con-

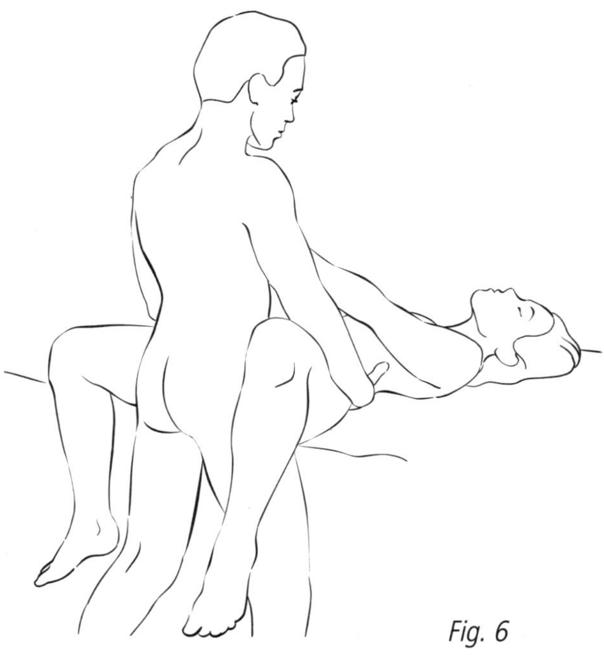

Fig. 6

fermato dalla casualità dei tempi e dai luoghi (su di un tavolo o sulla prima base di appoggio a disposizione, come nel famoso film *Il postino suona sempre due volte*), dall'assoluta mancanza di preliminari (si fa l'amore in buona parte vestiti) e dalla brevità del rapporto, che si consuma in tempi rapidissimi (fig. 6). Permettersi di viverla è un modo per "perdere la testa", e per lasciare spazio dentro di noi all'imprevisto e alla fantasia.

Quando è indicata

Questa posizione è un modo opportuno per recuperare una virilità messa in discussione da se stessi e dagli altri, e riacquistare un ruolo marcatamente maschile all'interno della coppia. La resa totale alle condizioni di un amore travolgente riconcilia il femminile con l'abbandono e la passività. Anche questa posizione può risultare vantaggiosa per le donne affette da cefalea o da cervicalgia.

Del missionario

Anche se è ritenuta la meno originale, questa posizione è quella più praticata nella cultura occidentale, ma anche la più intima e raccolta, in cui si realizza un maggior scambio di affettività. È la più indicata per facilitare un'eventuale gravidanza.

Essa consente di ripristinare e di realizzare fino in fondo il ruolo del maschile e del femminile nel senso più tradizionale. Secondo la teoria taoista, infatti, l'uomo è come il fuoco, forza attiva (yang) e dominante, che guida il rapporto, mentre la donna è come l'acqua, passiva (yin) e ricettiva, che accoglie dentro di sé l'energia del partner. Questa posizione consente all'uomo di avvolgere con le braccia la compagna assumendo nei suoi confronti un ruolo protettivo fatto anche di coccole, baci, carezze (fig. 7). Proprio per questa atmosfera dolce e armoniosa quella del missionario è considerata dalla tradizione taoista la posizione che rispetta in modo del tutto naturale le esigenze della "prima volta". La variante in estensione in cui la donna ha le gambe stese chiuse avvolte da quelle dell'uomo è proprio quella indicata dai sessuologi perché favorisce e rende meno dolorosa la deflorazione.

Quando è indicata

La posizione del missionario ha, più di altre, un'importante componente di armonia e spiritualità. È quindi adatta per chi soffre di eccessivo attaccamento alla materia, così come al cibo e al possesso materiale. Inoltre, per lui la variante "estensiva" della posizione canonica è particolarmente indicata in caso di scarsa erezione in quanto la partner, stringendo le gambe, riesce a trattenerlo e a stimolarlo maggiormente. Per lei è particolarmente efficace nel caso si desideri una gravidanza poiché favorisce la migrazione degli spermatozoi verso l'utero.

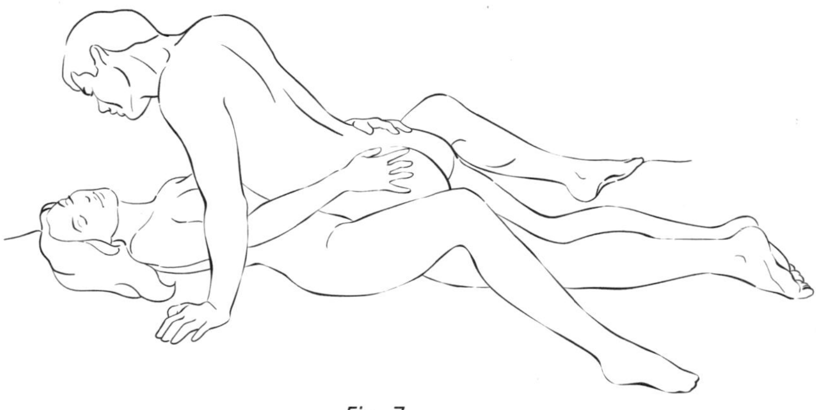

Fig. 7

Il linguaggio dei gesti

I gesti "segreti"

Spesso, come ho detto precedentemente, il linguaggio corporeo esprime sentimenti o desideri in contraddizione con quello che le nostre parole stanno affermando. A volte i gesti mascherano le nostre vere intenzioni, in altre occasioni permettono alle nostre parti più spontanee e nascoste di emergere. Sia nel primo che nel secondo caso, rappresentano comunque una modalità di comunicazione con gli altri che scavalca e a volte ribalta ciò che razionalmente ci imponiamo di essere. Possiamo interpretarli come il "prodotto" del bisticcio tra la parte corticale del cervello, quella della razionalità, e la parte limbica e rettiliana, che è mossa dagli istinti più puri.

La fisicità del gesto è molto più vicina all'immediatezza animale: tende a "dire il vero" ed è molto difficile da controllare.

Con il gesto è più facile tradirsi che con le parole. Difficilmente facciamo un gesto affettuoso che non sentiamo, così come spesso i nostri gesti raccontano una verità che non è in alcun modo in sintonia con ciò che vogliamo far credere verbalmente.

Istinto o cultura?

Nonostante la gestualità sia dettata fondamentalmente dall'istinto, bisogna considerare come quest'ultimo sia fortemente intrecciato con la cultura d'appartenenza.

Ci sono studi infatti che hanno dimostrato un rapporto diretto tra carattere ereditario-culturale, non genetico, e gestualità.

Da studi sulle popolazioni del Sud italiano si nota per esempio che il movimento delle braccia e i gesti di relazione spaziano in un'area sempre esterna al corpo. Viceversa, da studi condotti sugli ebrei di Amsterdam, sappiamo che la mimica ebraica si sviluppa all'interno della sagoma del corpo, quasi a rappresentare quella che la tradizione secolare di questo popolo descrive come "chiusura in se stessi", una sorta di ghetto corporale e mimico, che corrisponde alla condizione psicologica che le popolazioni della diaspora sono state a lungo costrette a vivere.

Corpo, emozioni e tradizioni culturali sono dunque strettamente connesse. E anche la dimensione "rituale" del gesto, che si pensava ormai in disuso, è invece in certo modo ricomparsa nella nostra cultura in molte forme: si pensi alla moda, ai comportamenti collettivi e giovanili, alle volte guidati dai media e in certo modo stereotipati, ma che spesso nascono spontaneamente come espressione di un bisogno profondo. Un risorgere del gesto collettivo che è di grande interesse.

Questo carattere ereditario-culturale è ben visibile anche presso altre popolazioni, come gli inglesi, arcinoti per il loro self-control che coinvolge il linguaggio verbale e l'espressività corporea. Entrambi questi aspetti risultano frenati, tanto che anche l'emissione delle parole avviene a "labbra strette", come se anche la bocca dovesse farsi guardiana e limite dei contenuti emotivi.

Gesti aggressivi, di difesa, di seduzione

Connotazioni opposte a quella inglese manifestano la gestualità di stampo USA, con le frequenti "manate sulle spalle" a sottolineare un affettività tutta di superficie, e il corpo esibito a gambe ben divaricate, a mo' di esibizione di potenza e virilità tipica di questo popolo.

Il linguaggio dei gesti si accompagna dunque o, se preferite, si sovrappone al linguaggio verbale, quando addirittura non lo nega.

Proprio quando siamo soprappensiero o quando ci proponiamo secondo un modello prefissato, sembra che, come un diavoletto dispettoso, la nostra vera intenzionalità, ovvero quella che l'Io in quella situazione tende a negare, salti fuori a smascherarci.

In quest'ottica possiamo suddividere i gesti in tre categorie: quelli che parlano di aggressività trattenuta, quelli che tendono a difendere o a sottolineare la nostra reale identità e quelli che agiscono attraverso la seduzione. I gesti che sono riprodotti nelle pagine seguenti, oltre a essere divisi in comunicazione tra donna-uomo, uomo-donna, individuo-gruppo, possono essere a grandi linee raggruppati in queste categorie.

Lo strumento primario e immediato di questa comunicazione è spesso rappresentato dalle mani.

Si muovono a comporre l'azione, prima ancora che il pensiero abbia impartito l'ordine... e il gesto non può più essere richiamato: quel pezzettino di emotività che ci è sfuggito, ha parlato per noi prima delle nostre labbra. In altre occasioni è tutto il corpo che si trasforma in messaggio di apertura o chiusura verso l'interlocutore, di aggressione e invasione del territorio altrui, di disponibilità e richiamo sessuale.

I gesti della seduzione

Sebbene non esistano studi certi in proposito, è probabile che un tempo esistesse una dimensione molto più ritualizzata di oggi nell'uso della gestualità di approccio sessuale. Era possibile dire "sì" o "no" attraverso una serie di gesti, l'avvicinamento, il tono della voce, che erano immediatamente percepiti e codificati.

Tuttavia non si deve pensare che questa dimensione sia venuta meno: proprio il tono della voce, l'avvicinarsi o meno, il modo di guardare, lo sfiorare il corpo altrui sono ancora oggi messaggi, inconsci perché non decisi consapevolmente, che rendono evidente un desiderio sessuale. E benché non verbali e inconsci, è ben certo che vengano colti dall'altro in modo chiaro.

Alcuni studi parlano addirittura di modificazione dell'olfatto, nonché dell'odore, in relazione al corteggiamento. Messaggi inconsapevoli o istintuali che i corpi si inviano l'uno l'altro e che possiamo imparare a riconoscere facilmente.

Il corpo non mente: spesso non ce ne rendiamo conto, o forse crediamo di controllarci benissimo, eppure la nostra gestualità invia dei messaggi davvero inequivocabili. Tanto che sarebbe sufficiente imparare a "leggere tra le righe" i gesti dei nostri interlocutori, per riuscire a scoprire voglie inconfessabili o antipatie viscerali, prima ancora che loro stessi ne siamo consapevoli.

Vediamo come fare...

Come leggere i gesti di lei

Una donna si fa la crocchia e tiene le gambe incrociate: cerca di sedurre l'uomo oppure è chiaro che "non ci sta"? Ecco le risposte...

Il corpo quasi chiuso: è indecisa

Gambe accavallate, un braccio appoggiato trasversalmente sui fianchi, l'altro piegato a sostenere la testa: un atteggiamento corporeo che apparentemente sembrerebbe esprimere una chiusura.

In realtà, si tratta di barriere anatomiche volte a esercitare una resistenza passiva al fascino e alle tentazioni dell'interlocutore. Infatti, nella posizione delle gambe è possibile intravedere una sorta di difesa dall'essere investita dai messaggi dell'altro, che scatenano impulsi e fantasie ritenute pericolose e delle quali non ci si vuole ancora rendere consapevoli.

Fig. 1

Allo stesso tempo, si sostiene il capo, nel tentativo di chiamare in campo la ragione ed evitare così di... perdere la testa.

Nel complesso, dunque, questo atteggiamento rivela attenzione e un certo interesse verso l'altro, al quale si chiede però di portare argomentazioni più convincenti se si vogliono abbattere le difese ancora presenti.

Gioca con il fuoco: il desiderio l'accende

Giocherellare con gli oggetti di lui è un gesto comunque seduttivo, che invita tacitamente l'altro a prendere l'iniziativa e a stabilire un contatto più stretto. Se l'oggetto prescelto è l'accendino, vengono chiamate in causa tutte le valenze simboliche del fuoco: passionalità, sensualità, ma anche calore, tenerezza, nonché aggressività e rabbia. Sarà allora il modo con cui la donna "si relaziona" con l'accendino a esplicitare il messaggio inconscio. Se lo "ruba" all'uomo, lo accende, lo spegne e lo nasconde, il desiderio è che lui se lo vada a riprendere... Accenderlo e osservarne a lungo la fiamma indica invece il desiderio di un rapporto pieno di tenerezza e calore, mentre accenderlo e spegnerlo rapidamente di solito veicola rabbia e insoddisfazione.

Fig. 2

Mani incrociate in grembo: vi aspetta

Le mani incrociate e appoggiate in grembo e le braccia tenute a semi-cerchio delimitano – e proteggono nello stesso tempo – una zona molto significativa dell'organismo femminile: l'area pelvico-addominale, sede dell'utero e della sua estensione durante la gravidanza.

Così, assumere questa posizione davanti a un uomo significa dichiarare il proprio stato di massima ricettività e la disponibilità a farsi "ingravidare" (anche se generalmente lo si può intendere in senso più simbolico che reale...), a cambiare, a trasformarsi. Le parole di lui, i suoi gesti, i suoi concetti, diventano cioè fecondanti, inducono alla riflessione, rimettono in discussione vecchie posizioni, producono rinnovamenti profondi.

Attenzione, però, alla posizione delle mani: se sono strette a contenere il ventre, possono indicare invece un atteggiamento protettivo della propria parte procreativa, esprimendo il rifiuto a farsi "fecondare" dalle parole dell'interlocutore.

Fig. 3

Allaccia un bottone: vuole conquistare

Anche questo gesto testimonia un chiaro intento seduttivo da parte della donna, pur se a volte viene mascherato da una poco credibile preoccupazione: «Oh guarda, ti si è slacciato un bottone...».

Più o meno ben riuscito, questo "prendersi cura" di un uomo serve solo a mistificare le vere intenzioni della donna, che punta in realtà a prendere "possesso" dell'interlocutore. Quando poi il giochino del bottone dura più a lungo del previsto e si ripete in maniera sospetta, il gesto non ha più nulla di inconscio né da nascondere: la donna è proprio passata esplicitamente all'attacco.

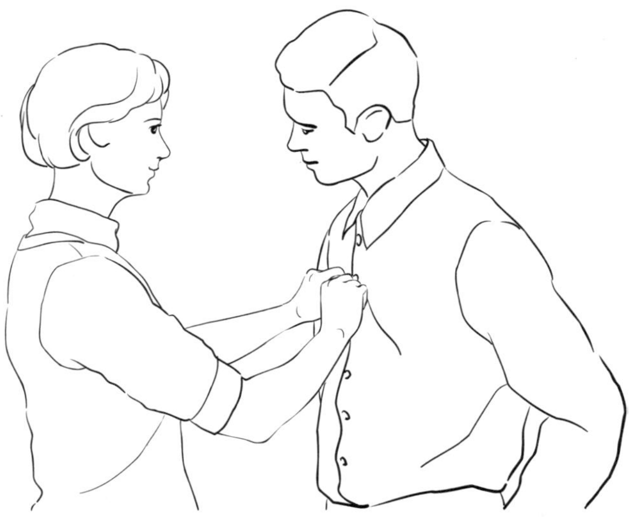

Fig. 4

Si dondola: una danza di richiamo

Il gesto qui rappresentato non lascia spazio a dubbi: il messaggio che la donna sta lanciando al suo interlocutore è di spiccata disponibilità e apertura. Infatti, le braccia e le mani distese lungo i fianchi sono rilassate, non oppongono alcuna resistenza a eventuali contatti fisici, allineandosi così ai messaggi del bacino. Quest'ultimo modifica l'assetto del corpo, facendone spostare il peso da una gamba all'altra e alternando l'attesa a un morbido, sinuoso e inequivocabile argomento di richiamo: alternativamente, infatti, le ginocchia si piegano e il bacino dondola da destra verso sinistra e viceversa.

Con estrema naturalezza, dunque, la donna inserisce nella conversazione il proprio corpo, offrendo all'uomo le parti più legate all'istinto e alla sessualità, che diventano protagoniste di una danza cadenzata a un ritmo sensuale.

Fig. 5

Il corpo annodato: chiusura totale

Se una ragazza, seduta nella posizione illustrata, vi ascolta sorridente, non lasciatevi ingannare: in realtà non è minimamente disponibile nei vostri confronti. Braccia e gambe formano un nodo difficile da sciogliere; difendono le parti più intime, il petto (sede del mondo dell'affettività) e il bacino (sede del mondo istintuale e della sessualità), formando una sorta di "barriera" impenetrabile dall'esterno.

La postura illustrata può essere sia femminile che maschile, tipicamente femminile è invece la variante in cui le gambe accavallate all'altezza delle cosce tornano a intrecciarsi nuovamente alle caviglie. Una donna così seduta da un lato chiude "a doppia mandata" le sue parti più intime, dall'altro attira lo sguardo, come a provocare l'interlocutore a sciogliere il complicato intreccio.

Fig. 6

Mani dietro la schiena: resa dichiarata

La ragazza che state cercando di "conquistare" porta le mani dietro la schiena, assumendo la posizione riportata nel disegno? È sicuramente un segnale incoraggiante. Si tratta infatti di una posizione di "apertura totale", di piena disponibilità: il petto è lasciato "scoperto", le braccia non avvertono il minimo bisogno di proteggerlo, come a sottolineare che non si percepisce alcun pericolo. Oltre a ciò, le mani nascoste dietro la schiena, nella posizione tipica di chi è legato e che quindi non può difendersi, sottolineano la totale passività della vostra interlocutrice; il gesto svela un desiderio inconscio di bloccare le mani, di impedire a se stessa la benché minima difesa da un assalto evidentemente non temuto, ma anzi (molto probabilmente) ben accetto e desiderato.

Fig. 7

Toglie i pelucchi: pensa al sesso

«Questa idea sta diventando troppo, troppo osé: meglio spazzarla via!». Questi sono i desideri racchiusi negli invisibili pelucchi che una donna improvvisamente si mette a "spolverare" dall'abito del suo interlocutore. Si tratta spesso di fantasie da lei considerate sporche, che si affacciano alla mente di punto in bianco, ma che non riescono a essere vissute con serenità e che quindi fanno sorgere l'impellente bisogno di eliminarle: esse vengono così "proiettate" nei pelucchi della giacca dell'interlocutore e allontanate con il gesto di ripulire il tessuto. Non solo, la loro presenza è così inaccettabile che la portata simbolica del gesto viene mascherata da un atteggiamento di tenerezza materna, spesso accompagnato da una frase innocente per controbilanciare le sensazioni provate.

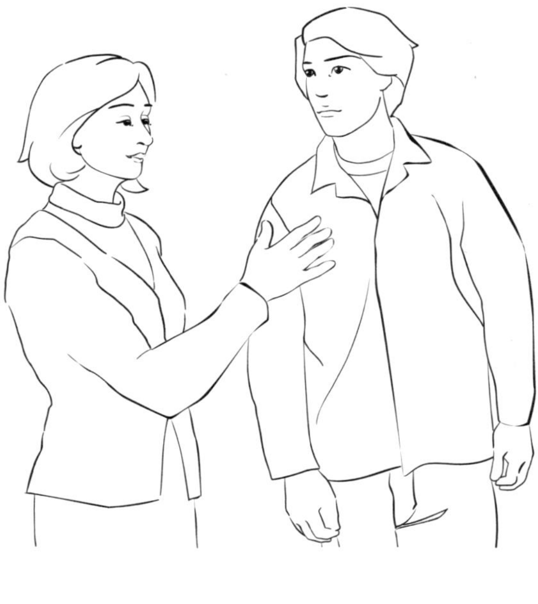

Fig. 8

Si accarezza le mani: voglia di coccole

Alla presenza dell'altro possono insorgere desideri più o meno inconfessabili di accarezzarlo – di essere accarezzati – che si traducono il più delle volte in gesti di auto-contatto.

Si cerca in questo modo di soddisfare il desiderio, ma, allo stesso tempo, si richiama inconsciamente l'attenzione dell'altro sulla zona che si sta delicatamente massaggiando, dichiarandogli disponibilità e richiesta di coccole. È abbastanza difficile però che una donna di fronte a un uomo, soprattutto se conosciuto da poco, si ritrovi ad accarezzarsi parti del corpo a maggior valenza sessuale. Frequente è invece il gesto di strofinarsi più o meno sensualmente le mani, un movimento che si accompagna quasi sempre a un vissuto di tenerezza e all'insorgere di moti d'affetto nei confronti dell'altro.

Fig. 9

Raccoglie i capelli: si chiude in sé

Quando all'improvviso una donna si raccoglie i capelli a crocchia, il messaggio non lascia speranze: è di chiusura.

I capelli, infatti, sono un concentrato di femminilità e la loro forma allungata è sinonimo di un filo capace di legarsi all'interlocutore sino ad "abbindolarlo" in una ragnatela seducente e inestricabile; quando la disponibilità a intrecciare un legame viene meno, questi "ami" lanciati vengono dunque prontamente ritratti e raccolti. E tanto più la coda, la treccia o la ciocca viene stretta con decisione, tanto meno un approccio potrà essere coronato da successo.

Fig. 10

Si tocca i capelli: cerca di sedurvi

Per una donna l'atto di spostare con la mano i capelli da una parte all'altra del capo equivale a una forma di richiamo sessuale, analoga a quanto accade in natura quando un uccello scuote il piumaggio durante il periodo dell'accoppiamento.

Allo stesso modo, di fronte a un uomo che stimola in lei fantasie erotiche, la donna, con estrema naturalezza, può liberare la propria carica seduttiva e richiamare l'attenzione del maschio muovendo e toccando una zona del corpo per lei spiccatamente femminile.

Sempre legato alla sfera sessuale è anche il gesto di arrotolare tra le dita o "stropicciare" piccole ciocche di capelli: in questo caso l'interlocutore della donna non viene vissuto come sufficientemente stimolante e c'è bisogno di un incentivo.

Fig. 11

Scopre il collo: così si mette a nudo

Allungare il collo e scoprirlo in modo da metterlo bene in mostra è segno di grande disponibilità: indica infatti la piena fiducia nell'uomo che sta di fronte, tanto da consegnargli questa parte del corpo tenera e indifesa, quanto assolutamente vitale.

Questo è un gesto che rivela uno stato interiore di resa e passività, nonché l'intenzione e il desiderio di "mettersi a nudo" e offrirsi all'altro.

Non dimentichiamoci infatti della forte sensualità e dell'alta "energeticità" di questa parte del corpo, che ci consentono di leggere nel gesto innocente di una donna che la mostra apertamente a un uomo, magari accarezzandola dolcemente, un richiamo e un invito a creare le condizioni ottimali per liberare e soddisfare le sue fantasie e le sue pulsioni.

Fig. 12

Stringe la borsa al corpo: sbarra le porte

L'atteggiamento qui presentato è del tutto comprensibile se la ragazza si trova in una piazza gremita di gente o sull'autobus all'ora di punta. Quando invece questo gesto compare durante la conversazione con un uomo significa che le sue parole o il tono della sua voce risultano invasivi. La donna si difende allora dai contenuti o dalle fantasie inconsce inaccettabili che essi suscitano richiudendosi su se stessa e stringendo a sé la borsa che in quel momento rappresenta la sua femminilità.

Inoltre, l'analogia borsa-utero ci porta a cogliere in questo gesto una resistenza nei confronti di un qualsiasi contatto fisico proposto o fantasticato dall'interlocutore. Se la ragazza poi, riponendo o togliendo dalla borsa un oggetto, la richiudesse ermeticamente in tutta fretta, il rifiuto sarebbe definitivo e irrevocabile.

Fig. 13

Il saluto informale dichiara fiducia

Se una donna, in segno di saluto, prende e stringe con la sua mano destra la mano sinistra di un uomo (ed eventualmente unisce anche la mano sinistra con quella destra dell'altro) vuole manifestare fin da subito la sua apertura affettiva nei confronti di quest'ultimo. Così facendo, evita di porre ostacoli fisici (e braccia che si incrociano in una normale stretta di mano) fra lei e il suo interlocutore, inseguendo la fantasia di far annullare la convenzionalità insita nella stretta di mano. Questo gesto rivela dunque il desiderio di instaurare un rapporto che esuli dai canoni formali e lasci subito spazio alla libera confidenza, alla fiducia, alla complicità. Con questo modo di salutare, di accogliere e di incontrare l'altro, una donna si dichiara disposta a iniziare un rapporto di profonda e sincera amicizia.

Fig. 14

Si tocca la collana: gesto invitante

Quando una donna giocherella con i propri monili davanti a un uomo significa che, in qualche modo, è stata colpita dal suo interlocutore, la cui presenza o conversazione le suscita però sensazioni e desideri alquanto contraddittori. Accarezzare la collana, per esempio, esprime da una parte il desiderio di sentirsi libera, ma dall'altra anche il piacere di stabilire un rapporto più profondo con chi è di fronte; il muoverla attorno al collo, poi, è un chiaro segno di attrazione che si esplicita in questo atto non privo di componenti auto-erotiche.

Anche sfilare e infilare l'anello ha un significato ambiguo: da una parte indica la voglia inconscia di liberarsi da un legame precedente, dall'altra invece il rassicurarsi della presenza di tale legame per difendersi dalle fantasie trasgressive.

Fig. 15

Semplici gesti...

Oltre a quelli già descritti nelle pagine precedenti, vi sono altri semplici gesti, come mettersi il rossetto o mostrare i polsi, che pure appartengono alla dimensione del corteggiamento femminile.

Vediamoli qui di seguito in breve.

• **Polsi in evidenza.** I polsi sono una delle zone erogene del corpo. La donna interessata li espone alla vista del potenziale partner.

• **Mettersi il rossetto.** Si è constatato che, nel momento in cui la donna è eccitata, le sue labbra aumentano di volume, assumono una tonalità rossa ancora più intensa e vengono bagnate più di frequente con la lingua: simulano i cambiamenti fisici e la lubrificazione dell'organo genitale. Per questo motivo le donne dipingono le labbra con il rossetto o ne aumentano lo spessore con il silicone o con il collagene.

• **Ancheggiare.** Nella camminata la roteazione delle anche evidenzia l'attenzione sulla zona pelvica.

• **Sguardo incrociato.** Viene fatto con il chiaro intento di incuriosire: la donna incrocia di sbieco lo sguardo dell'uomo e poi lo fugge, per suscitare interesse.

Come leggere i gesti di lui

Un uomo tormenta l'orologio o si tocca la cravatta: cerca di sedurre la donna che ha di fronte o esprime semplicemente il desiderio di andarsene? Vediamo in questo capitolo come interpretare tali gesti in modo corretto.

Le tocca i capelli: gesto tenero ma...

Toccare i capelli della donna, magari accarezzandole la testa, è un comportamento che esprime soprattutto affetto e tenerezza, forse perché rievoca la dolcezza con cui la mamma coccola il proprio bimbo nel tentativo di rassicurarlo e confortarlo. Così, quando un uomo accarezza le chiome di una donna vuole, di fatto, in qualche modo dimostrarle la sua comprensione, il suo affetto e la disponibilità a proteggerla. Oltre a ciò, però, non si può dimenticare la valenza seduttiva attribuita ai capelli: questa infatti può colorare un gesto "innocente" di desiderio e passionalità. In tal senso, il messaggio è chiaro: infatti, l'attrazione nei confronti di una donna e la voglia di stabilire con lei un contatto più intimo si traducono nel gesto inconscio di toccarle i capelli.

Fig. 16

Tormenta l'orologio: vuole andarsene

Aprire e chiudere il cinturino, ruotare l'orologio attorno al polso, sistemarlo un po' più in giù o un po' più in su, picchiettare con le dita sul vetro... sono tutti sinonimi di uno stesso messaggio: il tempo stringe e io non ho voglia, o non ho più tempo, di portare avanti questo discorso a due. Si è per così dire persa (o non è mai nata) la magia del colloquio e sta riaffiorando il rapporto tutto maschile con il tempo e gli impegni che durante la giornata sono scanditi dai minuti che passano. Naturalmente, questo gesto mantiene il suo valore anche se espresso tra due uomini o all'interno di un gruppo, perdendo però le valenze sentimentali e acquisendo caratteristiche di poca disponibilità al dialogo o a un rapporto professionale.

Fig. 17

Tocca se stesso ma vuole toccarvi

Se l'uomo con cui state conversando comincia a toccarsi o accarezzarsi il petto, una gamba, un fianco, potete essere certe che sta facendo la fantasia (quasi sempre inconscia!) di accarezzare voi proprio in quel modo. Lo stesso gesto compiuto da una donna di fronte a un uomo, invece, ci rivela il desiderio di essere accarezzata da lui.

Uomo e donna, infatti, seguendo la loro diversa natura, agiscono l'uno un atteggiamento attivo e teso all'estroversione («Io vengo verso di te e ti tocco»), l'altra un atteggiamento più passivo e caratterizzato da uno stile introvertito e ricettivo («Vieni verso di me e toccami»). Seguendo il filo delle proprie tendenze, quindi, uomo e donna celano dietro lo stesso gesto differenti desideri, anche se l'auto-contatto (così si definisce il toccare il proprio corpo), pur con strade diverse, tende comunque allo stesso risultato: la richiesta di un contatto ben più intimo di quello in corso.

Fig. 18

Mano sulla spalla: vi vuole più vicina

«Vieni qui, più vicino a me!». È questo il significato del gesto riprodotto nell'immagine qui sotto. Toccare la spalla dell'interlocutrice significa sempre, infatti, un tentativo di "accorciare le distanze", di stabilire un rapporto più stretto in tutti i sensi. La scelta della zona corporea toccata, la spalla, ci parla di un tentativo "neutro", per saggiare il terreno: appoggiare la mano in altri punti (seno, pancia, cosce, natiche ecc.) è consentito, infatti, nelle conversazioni solo in presenza di un legame ben più "stretto", altrimenti un approccio di questo tipo sarebbe sicuramente avvertito come troppo "intimo" e invadente da parte della donna.

Fig. 19

Si tocca la cravatta: esibizione virile

Toccarsi la cravatta in presenza di una donna rivela il desiderio di focalizzare la sua attenzione sui propri attributi maschili e di lanciarle un messaggio che si sposta da un piano più neutro (quello del dialogo) a uno più strettamente sessuale. Se durante una conversazione l'uomo inizia a "lisciare" la cravatta è come se dicesse che è un peccato perdere tempo con le parole, dal momento che lui è ben dotato e disponibile a dimostrarlo. Può accadere, però, che questa sorta di "penetrazione simbolica" non vada subito a buon segno. A questo punto, allora, l'uomo ci riprova: si riassesta il nodo e riparte all'attacco. In questa visione anche la foggia, il colore, la grandezza della cravatta acquistano importanza, dal momento che connotano il vissuto che l'uomo ha della propria potenza sessuale e della disponibilità a "metterla in gioco".

Fig. 20

Guarda fisso negli occhi: la desidera intensamente

Quando un uomo cerca insistentemente di incontrare gli occhi della sua interlocutrice, compie un gesto teso a entrare in un rapporto più intimo con lei, a cercare una sorta di "filo diretto" per poi spingersi a "toccarla" in profondità. È infatti un tipico atto a cui è sotteso il tentativo di conquistarla, sottometterla, "penetrarla" e "farla propria".

Infatti, la scena che possiamo facilmente immaginare (e che sicuramente l'uomo fantastica quando compie questo gesto) è la seguente: lui la fissa negli occhi insistentemente per un certo periodo di tempo; dopo un po' lei si arrende, abbassa lo sguardo e arrossisce: è la prova che lo sguardo di lui ha colto nel segno e l'ha smossa emotivamente.

Fig. 21

Mani sulle reni: è in difficoltà

In questo gesto le mani, appoggiate sulle reni, danno l'idea di servire come "puntello" per sostenere la schiena, che altrimenti non riuscirebbe a rimanere eretta. Qualcosa non regge più, manca l'energia giusta per passare all'azione e i messaggi che la donna sta lanciando non hanno una carica sufficientemente stimolante.

C'è bisogno quindi di agire proprio sul punto del corpo da cui partono le innervazioni degli organi genitali per cercare di ritrovare l'energia libidica che è via via venuta meno. Così, sorreggendosi e scaldando la zona lombo-sacrale con le mani, è come se l'uomo tentasse di mantenere un buon rapporto con la sua interlocutrice. Allo stesso tempo, però, questo semplice gesto può rivelare l'impazienza di "abbandonare il campo", la poca disponibilità ad alimentare un rapporto che ha perso ogni attrattiva.

Fig. 22

Non vi offre la sigaretta: disinteresse

«Vuoi una sigaretta?». È questa una delle tipiche frasi utilizzate per rompere il ghiaccio con una donna. Accendersi una sigaretta senza offrirla rappresenta, oltre a un atto di maleducazione, un gesto di chiusura nei confronti della persona che ci sta accanto. I significati profondi di questo gesto possono essere differenti: per esempio: «Non sono disponibile a donarti nulla di me» oppure «Mi isolo respirando un'aria esclusivamente mia»; in entrambi i casi il sottofondo comune rimane la chiusura, anche se, qualche volta, questa può essere provocata dal timore di essere troppo coinvolto nel rapporto.

Un altro significato può essere invece «Visto che tu non riesci a scaldarmi, mi scaldo da solo fumandomi una sigaretta»; una lettura, questa, ancora meno favorevole per la donna, visto il disinteresse totale sotteso al gesto.

Fig. 23

Braccia conserte: si difende da qualcosa

Come abbiamo già visto parlando dei gesti femminili, le braccia conserte rappresentano una "chiusura" nei confronti dell'interlocutore, il bisogno di proteggere il petto, simbolicamente legato all'affettività. Ma quale tipo di timore porti un uomo a chiudersi di fronte a una donna è meno scontato. Se le braccia sono solo "annodate" fra loro (come nella figura) è probabile che egli avverta un pericolo "esterno" (si difende dalla donna), ma incrociare le braccia per imprigionare le mani sotto le ascelle è differente. Il gesto, infatti, "costringe" il torace per impedirgli di "allargarsi" troppo e il blocco cui sono sottoposte le mani appare come un tentativo di "tenerle ferme", di evitare di metterle "là" dove c'è qualcosa di difficile da gestire: in altre parole, è una difesa verso l'interno, tesa a impedire che i sentimenti escano allo scoperto.

Fig. 24

Vi inonda di fumo: è aggressivo

Se avete cominciato a tossire appena lui ha acceso la sigaretta, l'uomo che vi soffia il fumo in faccia è, molto probabilmente, un maleducato.

Una possibilità da non scartare è, comunque, quella che provi del risentimento inconscio verso di voi e scarichi in questo modo la sua aggressività.

Se invece non soffrite di bronchite, se lui è stato molto attento nei vostri confronti fino a ora e se emette il fumo con una certa gentilezza, è probabile che stia cercando di "conquistarvi" attraverso questo gesto. Inconsciamente vi sta proponendo di "respirare la sua aria" oppure sta tentando di creare una nuvola di fumo in cui stare solo con voi.

Fig. 25

Mette le mani in tasca: è imbarazzato

La persona con cui state conversando si mette, distrattamente, le mani in tasca... se state cercando di stabilire un rapporto più "stretto" fate attenzione: si tratta di un segnale negativo.

Le mani rappresentano infatti il mezzo di comunicazione non verbale e di contatto più importante. Il gesto di escluderle dalla relazione significa quindi che non sa proprio "dove mettere le mani". Alla radice di questa situazione c'è un certo grado di imbarazzo: spesso, infatti, le persona cerca di nascondere il disinteresse che vive nei vostri confronti, ma non sa come comportarsi per chiudere il discorso. In alternativa, l'imbarazzo può anche mascherare il desiderio inconscio di "accorciare le distanze", su cui domina, però, il timore di compiere, proprio con le mani, qualche gesto "sconveniente".

Fig. 26

Tira il labbro in fuori: voglia di baci

«Che voglia di darti un bacio...». Quel labbro inferiore continuamente tormentato e tirato all'infuori sembra proprio cercare di allungarsi a dismisura per saltare la distanza tra sé e l'interlocutore.

Abitualmente è interpretato come un segno di disagio; quest'ultimo, però, va letto come disagio verso se stessi per tale "voglia" improvvisa che ci ha assaliti. La bocca, infatti, se per un verso è legata alla suzione e quindi a un mondo prettamente infantile, è d'altro canto ricchissima di terminazioni nervose che la rendono ultrasensibile, oltre che protagonista in primo piano nelle effusioni e negli scambi erotici: ecco perché il labbro è tra i primi a mettersi in movimento e a "tuffarsi" (per lo meno con la fantasia) verso la "responsabile" di questi sommovimenti emotivi.

Fig. 27

Gioca con la catena: si prepara a...

Quando un uomo, di fronte a una donna, comincia a far scorrere tra le dita la catena delle chiavi, con aria trasognata e assente, sta compiendo un gesto a impronta auto-erotica. È molto probabile che la sua interlocutrice, più o meno volontariamente, abbia stimolato fantasie sessuali così piacevoli da distrarlo e fargli perdere il filo del discorso.

Quando invece questo gesto è accompagnato da una sfumatura di tensione che si disegna sul viso, esso perde la sua connotazione di appagamento auto-erotico e diventa un modo per alleggerire la tensione creata da una situazione avvertita come precaria. In questo caso, l'uomo non sta più "trastullandosi" e fantasticando tra sé e sé, ma sta cercando, per mezzo della catena, di "accendere la miccia", di "dare fuoco alle proprie polveri" e di ricaricarsi.

Fig. 28

Guarda la bocca: non lo interessate

Come abbiamo visto prima a proposito del guardare negli occhi una donna, quando un uomo tenta di incrociare il vostro sguardo, sta cercando di accorciare la distanza che vi separa.

Se, al contrario, i suoi occhi si posano costantemente sulla vostra bocca, è molto probabile che non sia molto coinvolto dalla conversazione, né dalla vostra presenza. Nello sguardo fisso sulla bocca della donna, infatti, è assente l'aspetto emozionale: l'uomo non cerca di conquistarvi (cercando gli occhi), non "soppesa" con un'occhiata "penetrante" i vostri attributi fisici (uno sguardo che indugia su seno, gambe, natiche ecc.) con evidente interesse... ma semplicemente esprime una cortesia formale, superficiale.

Fig. 29

Si abbottona la giacca: alza una barriera

«Aspetta un attimo che mi metto in ordine» sembra dire chi compie il gesto raffigurato nella figura qui sotto. Si tratta sicuramente di un atto di attenzione, di rispetto nei confronti della donna che gli sta vicino, gesto normale, anzi quasi obbligato, in una situazione formale (una presentazione, una riunione di lavoro ecc.).

Ben diverso è il suo significato "nascosto" se viene compiuto in un colloquio a due, in una cenetta intima, in un momento "particolare": il senso si trasforma allora in quello di una "chiusura" dell'uomo nei confronti della donna. Abbottonarsi equivale infatti in questo caso a utilizzare la protezione che il vestito può offrire; si interpone una barriera (la giacca chiusa) tra sé e la donna... in altre parole, il messaggio che il gesto trasmette è «Non desidero aprirmi più di tanto verso di te».

Fig. 30

Per concludere...

Come abbiamo visto, i gesti dell'uomo possono essere diversi, secondo la situazione o l'abbigliamento indossato: riassestarsi il nodo della cravatta, lisciarsi il colletto della camicia, spazzolarsi via dalle spalle polvere immaginaria, sistemarsi la giacca, aggiustarsi i capelli... o ancora, in modo più aggressivo, infilare i pollici nella cintura per attirare l'attenzione sulla regione genitale, oppure mettersi spesso le mani sui fianchi, come a dire, occupando più spazio: «Qui comando io e tu dovresti assoggettarti alle mie aspettative». Ciò accade perché, come quasi tutti gli altri appartenenti alla specie animale, anche l'uomo, quando si avvicina a una donna di cui vuole attirare l'attenzione, dà inizio a un vero e proprio rituale di corteggiamento, ricco di gesti dal significato inequivocabile...

Come leggere i gesti in gruppo

Che senso ha ravviarsi i capelli oppure picchiettarsi le labbra con una penna? I nostri interlocutori ci stanno approvando, gli siamo antipatici o ci temono?

Colpetti sulla spalla: attenzione prego

Stiamo dibattendo un problema delicato e il nostro interlocutore, ogni volta che interviene per esporre il suo punto di vista, inizia a dare dei leggeri colpetti con le dita sulla nostra spalla, che diventano sempre più decisi e insistenti con il dilungarsi della discussione. Si tratta di un gesto di rinforzo che però maschera un pizzico di insicurezza. Probabilmente in lui alberga la spiacevole sensazione che le sue parole siano poco efficaci: allora le accompagna con un contatto fisico che le sottolinea e le amplifica. Così facendo cerca di mantenere costante l'interesse e l'attenzione dell'ascoltatore, segnali importanti per avere la conferma che non sta dicendo cose banali o scontate. Provate a distrarvi più del normale: ecco allora che il colpetto si trasformerà in una botta più decisa, di certo accompagnata da un inacidimento della voce.

Fig. 31

La pila di carte: un muro difensivo

Avvicina il microfono, guarda gli astanti e, mentre comincia a parlare, raccoglie carte e fascicoli impilandoli con cura davanti a sé: mentre a parole comunica e si relaziona con il gruppo, questo individuo sta, sotto sotto, preparando una bella struttura difensiva.

È segno che si sente insicuro, che teme di essere attaccato o si prepara a dire qualcosa di imprevisto e sgradevole ai suoi interlocutori e quindi si tutela per tempo dall'aggressività delle risposte. E se carte e documenti non sono a portata di mano? Può andar bene anche una borsa, una bottiglia d'acqua con relativi bicchieri o, alla peggio, una giacca buttata sul banco all'ultimo momento.

Fig. 32

Mano sul fianco: tanto comando io

Appoggiare una mano sul fianco, tenendo l'altra in tasca, è una tipica posizione di attesa, di sufficiente apertura allo scambio con gli altri, che denota anche una buona sicurezza di sé. In un certo senso, è come se venisse messo in chiaro che la persona è disponibile all'ascolto, attenta a cogliere spunti utili, ma che il suo ruolo e la sua preparazione in merito fanno sì che la decisione finale spetti a lui. Quando invece entrambe le mani vengono appoggiate sui fianchi, ci troviamo di fronte a una chiara occupazione di tutto lo spazio possibile (grazie ai gomiti aperti a 180°) che riduce automaticamente quello degli interlocutori circostanti.

La disponibilità all'ascolto appare allora drasticamente ridotta e il messaggio non verbale è quello di una decisa volontà a non perdere la propria autorità, quasi come se l'individuo volesse dire: «Parla, parla, tanto qui comando io e non ce n'è per nessuno».

Fig. 33

Mani dietro la testa: sicurezza

Rilassato, sicuro di sé, aperto al dialogo: chi assume questo atteggiamento testimonia la sua grande tranquillità e disinvoltura nel relazionarsi al gruppo.

Infatti, il gesto di scoprire l'addome, il petto e il cavo ascellare, allontanando anche l'ultimo strumento di difesa (le mani), che vanno invece a reggere il capo reclinato all'indietro in maniera rilassata, fornisce la misura di quanto il nostro soggetto viva senza timore alcuno. Ci sta testimoniando come sia ben inserito nell'ambiente, come gestisca tutto con disinvoltura, come non ci sia imprevisto che possa mettere in dubbio la sua invidiabile saldezza.

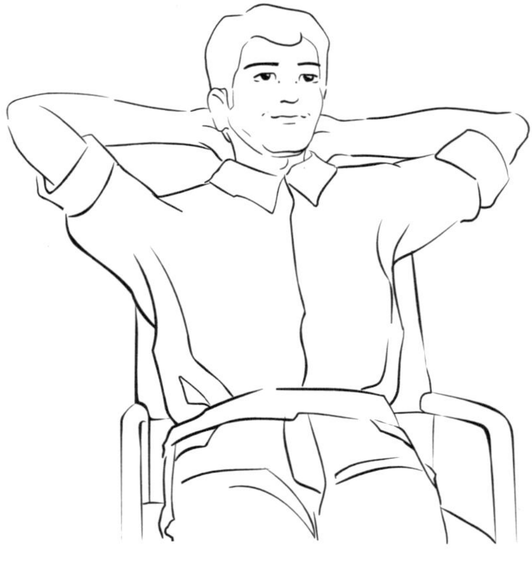

Fig. 34

La mano nei capelli: mettere ordine

Quando nell'ambito di una discussione o prima di iniziare un intervento in pubblico qualcuno si passa distrattamente la mano tra i capelli, in realtà sta puntando a un preciso risultato: mettere ordine tra le sue idee prima di esporle.

I capelli infatti possono essere vissuti e interpretati simbolicamente come le idee prodotte dalla mente che finiscono per "fuoriuscire", per "spuntar fuori" dalla testa: siano esse controcorrente o contorte, lineari o fantasiose, nude o esplosive, tutte comunque vanno "organizzate" al meglio prima di essere esposte e presentate agli altri. E allora ecco la mano che, a mo' di pettine, si sforza di dar forma e allineare in bell'ordine il frutto dell'ultimo sforzo intellettivo.

Fig. 35

Si tocca il naso: ha il cuore tenero

Quando qualcuno si sfiora la base del naso nel momento in cui un discorso si fa interessante, significa che l'emotività fa capolino e l'argomento lo sta coinvolgendo ben più del previsto. Magari si mantiene freddo e distaccato, ma in realtà quelle parole lo hanno punto sul vivo, hanno suscitato in lui un tenero ricordo o addirittura un moto di commozione.

Tutto questo testimonia che la sua natura è calda e sensibile e che se si lasciasse andare le emozioni prenderebbero facilmente il sopravvento.

Ma lui resiste! Ecco che allora il naso prude proprio lì dove l'aria penetra dentro il corpo (le narici) e dove quindi si percepisce tutto con grande sensibilità.

Quel naso che prude proprio in una zona così delicata è un segnale inequivocabile: sotto una scorza dura c'è un cuore molto tenero.

Fig. 36

Guardarsi le unghie: affilare le armi

Una donna che compie il gesto illustrato nella figura qui sotto non sta semplicemente osservando se lo smalto è in ordine; in realtà, sta controllando di "avere le unghie", ovvero, in senso simbolico, di possedere ancora una carica aggressiva, con tutta probabilità inibita in quel momento.

Le unghie, infatti, rappresentano la principale arma di difesa (e di offesa) di moltissimi animali: da qui discende il loro significato aggressivo.

Quando una donna si sente sottoposta a un attacco a cui non può rispondere direttamente (una sfuriata da parte del capo ufficio, un commento sgradevole sulla sua persona da parte dell'"intoccabile" suocera ecc.), il gesto di osservarsi le unghie sembra essere un modo per rassicurarsi e, contemporaneamente, una minaccia all'aggressore.

Fig. 37

Molto vicini solo se intimi

Vi è mai capitato di parlare con una persona che vi sta quasi "appiccicata"? Se conoscete qualcuno che ogni volta che deve dirvi qualcosa si avvicina un po' troppo, avrete anche provato il senso di disagio e fastidio che questo comportamento suscita in voi. Sembra quasi che non ci sia via di scampo: più vi allontanate e più lui si fa avanti seguendo ogni vostro spostamento.

Se escludiamo i gesti di confidenza o intimità che possono scambiarsi due amici o due partner, un simile atteggiamento rivela una discreta quota di aggressività, che provoca nell'altro una reazione istintiva di protezione e di difesa. Infatti, come se ci difendessimo da una vera e propria aggressione, siamo spinti a ripristinare la distanza (almeno 50 cm) tra noi e il nostro interlocutore, riconquistando il nostro spazio vitale.

Fig. 38

Schiacciare la sigaretta: un atto di forza

Quando per spegnere la sigaretta questa viene schiacciata con grande decisione nel portacenere ci troviamo di fronte a un soggetto che con tutta probabilità ha la fantasia di "picchiare un pugno sul tavolo" e affermare con grande determinazione la propria volontà su quella altrui.

Questa lettura del gesto appare ancora più realistica quando ciò avviene in un colpo solo (diversamente da tanti colpetti ritmati o da uno strisciare lento e prolungato sul fondo).

Se poi la "cicca" viene spenta con forza spezzando in due il mozzicone è il caso di fare attenzione: il nostro individuo è uno assai deciso (oppure sogna di esserlo), al punto da essere capace di usare anche le maniere forti se qualcuno si frappone tra lui e l'obiettivo che si è prefissato.

Fig. 39

Tocca i gioielli altrui: è invidiosa

A tutte le donne piacciono i gioielli: li sfoggiano volentieri ed è una delle prime cose che notano nell'abbigliamento di un'altra donna. Un complimento è sempre gradito, ma quando un'amica vuole a tutti i costi toccarvi la collana o gli orecchini, oppure vuole indossarli... li sta desiderando un po' troppo. Pensa cioè che starebbero meglio a lei o che lei se li merita molto di più di voi. Non arriverà mai a sottrarveli, ma quella fantasia, almeno per un momento, l'ha sicuramente catturata. È tutta una questione di invidia: è anche possibile che l'oggetto di tale invidia sia il vostro status sociale, un marito brillante o semplicemente la vostra eleganza e femminilità.

Fig. 40

Far schioccare le nocche: una minaccia

Possiamo considerare questo gesto come l'equivalente maschile del "guardarsi le unghie" femminile.

Anch'esso ci testimonia l'aggressività trattenuta dalla persona che lo compie. Infatti, quando si porta un pugno, lo schiocco delle nocche è una conseguenza costante per chi ha tirato il colpo. Proprio per questo motivo, far "schioccare" le nocche volontariamente è un tipico atto di minaccia, una sorta di annuncio che ci si sta preparando a fare a pugni; il senso del gesto non cambia se viene compiuto soprappensiero. Un aspetto da non sottovalutare in questo atto è il suono che ne consegue: si tratta di un rumore secco e fastidioso, un modo per provocare un disturbo, seppur minimo, a colui che viene ritenuto a torto o a ragione l'"aggressore", per scaricare la rabbia trattenuta, per "farsi sentire" senza alzare la voce.

Fig. 41

La matita in bocca: ora ti spiego tutto

Durante una riunione di lavoro o in gruppo tra amici, mentre si cerca la soluzione di un problema, qualcuno si porta la penna alle labbra picchiettandole delicatamente.

Se ci soffermiamo a osservare questo gesto abbiamo subito la sensazione che questa persona sia quasi impaziente di intervenire e forse ci aspettiamo anche che esordisca, fornendo la risposta più appropriata, in grado di dissolvere dubbi e incertezze. È possibile che l'intervento deluda le nostre aspettative, ma possiamo essere certi che quell'atto aveva creato in noi una situazione di attesa fiduciosa. Come mai? Perché è il gesto tipico di chi insegna (il maestro di scuola per esempio) e si sente "detentore della verità": per lui un semplice gesto (una mano alzata, ma basta anche una penna) è sufficiente a creare un clima di rispettoso silenzio.

Fig. 42

Buttare indietro i capelli: non è vero

Tra i messaggi che una donna può lanciare a un gruppo di ascoltatori, uno molto curioso è legato al gesto di scuotere la testa così da buttare dietro le spalle, o spostare di lato.

In questo caso, non siamo in presenza di un tentativo inconscio di seduzione, bensì di una tendenza manipolatoria. L'atteggiamento di diniego del capo, accompagnato dal movimento dei capelli, ci svela, infatti, che molto probabilmente ciò che la donna sta affermando, non corrisponde del tutto a quello che in realtà vorrebbe dire. Reclinando il capo e spingendo i capelli all'indietro è come se non volesse soffermarsi sulle parole, molto probabilmente dettate dalle circostanze o dalla necessità di trovare la maggiore approvazione possibile, ma da lei vissute in contrasto con ciò che pensa o crede veramente.

Fig. 43

Toccarsi i genitali: anch'io sono un uomo!

Mettersi le mani in tasca e toccarsi i genitali è un gesto emblematico per ribadire la propria appartenenza all'universo maschile. Quando un uomo, dialogando con un interlocutore dello stesso sesso, sente il bisogno di cercare su di sé la conferma della propria virilità, molto probabilmente si sente minacciato.

Può trattarsi di un senso di inferiorità scatenato dalla baldanza dell'altro o di un imprevisto moto di affetto e di attrazione dettato dall'ammirazione che sta provando. Sono emozioni troppo coinvolgenti che suscitano confusione e rischiano di far traballare l'identità maschile. Con un gesto istintivo, quasi scaramantico, il soggetto tenta quindi di esorcizzare il disagio e di riequilibrare la situazione.

È come se dicesse: «Non c'è dubbio, anch'io sono un maschio e questi attributi sono qui per dimostrarmelo».

Fig. 44

Massaggiarsi il naso: che stanchezza!

Il gesto di premere con le dita la radice del naso e massaggiarla, magari chiudendo gli occhi contemporaneamente, ha il significato di dare uno stimolo e un aiuto alle funzioni intellettive, avvertite stanche e rallentate dall'individuo che effettua questo gesto.

Si tratta di un movimento tipico di chi vuole sempre sentirsi in forma e dare l'impressione di una perfetta efficienza mentale. L'intento, dunque, è quello di ritrovare al più presto, e senza darlo troppo a vedere, la concentrazione venuta a mancare.

Con quel rapido massaggio, si ha la sensazione di inviare tanti piccoli input "ondulatori" dentro la testa, affinché quest'ultima riprenda il più velocemente possibile a produrre le idee tanto attese.

Fig. 45

Il linguaggio del disagio

I disturbi neuro-vegetativi

L'identità dell'uomo moderno è diventata sempre più un'identità sociale, esterna, di superficie, legata e condizionata dal contesto che lo circonda. La relazione con gli altri e la comunicazione si rivelano dunque una tappa fondamentale per favorire il crearsi dell'identità e il corpo, con i propri movimenti e i propri suoni, diventa un protagonista fondamentale.

Ecco allora che rossori improvvisi, eccessiva sudorazione, eruttazioni e flatulenze, tic incontrollabili, inceppamenti del movimento e della parola... sembrano esprimere un disagio relazionale, un sofferto tentativo di raccontarsi e comunicare di quella nostra parte più intima, più nascosta che non riesce a esprimersi altrimenti.

Sembrano essere il compromesso e il prezzo che l'uomo di oggi paga al fine di mantenere la propria immagine sociale.

Questi gesti stereotipati, pur non sfociando in disturbi conclamati, esprimono un disagio difficilmente controllabile.

Che significato hanno? Cosa cercano di dirci attraverso questi S.O.S cifrati?

Parlano a noi stessi, ma parlano anche agli altri, a chi ci circonda e ci valuta... sono tutti messaggi in codice ricchi di significato.

Quando si blocca un muscolo

Se osserviamo l'apparato muscolare, possiamo notare che la sua funzione è di consentire ai pensieri di trasformarsi in movimento. E perchè tutto questo si realizzi serve un "traduttore" rapidissimo in grado di far giungere i messaggi in qualunque distretto corporeo. A svolgere questo ruolo è il sistema nervoso, canale privilegiato per somatizzare un disagio, in grado di mettere in comunicazione i centri della coscienza e dell'emotività con i muscoli, il sistema endocrino, i visceri...

Una contrattura muscolare, un crampo o un tic, rappresentano allora l'arresto nella traduzione fisica di un contenuto mentale, che può a seconda dei casi coinvolgere la muscolatura volontaria (per esprimere problemi poco distanti dal mondo cosciente) o quella viscerale (per tematiche in genere più profonde).

Se la contrattura riguarda, per esempio, ampi tratti della colonna vertebrale o il blocco capo-collo-spalla, è probabile che l'individuo esprima una "impasse" emotiva legata al suo modo di porsi di fronte agli avvenimenti, di osservarli, di sostenerli e di prenderne contatto (ricordiamo che con il capo esploriamo il mondo, mentre il collo ne regge il peso e con le mani afferriamo, "lavoriamo" e trasformiamo la materia...).

Caratteristici sono quei blocchi muscolari (schiena, tronco, collo) che ci colpiscono quando siamo impegnati in situazioni stressanti e che ci impediscono la libertà di movimento.

Talvolta la contrattura riguarda segmenti molto specifici, soprattutto periferici (mani, dita ecc.), dove ciò che proviamo emotivamente si traduce in operazioni concrete.

Con le contratture muscolari siamo in genere lontani da contenuti psichici molto profondi e soprattutto poco elaborati, come accade invece per le reazioni psicosomatiche che coinvolgono gli apparati viscerali.

Se è la pelle a parlare

La pelle può presentare tante reazioni differenti: accanto ad alcune che coinvolgono tutto il corpo (sudorazioni diffuse, rossori, brividi...) dettate da paura, vergogna, aggressività, desiderio... ve ne sono altre, localizzate, di grande interesse.

Comune è la sudorazione alle mani, talvolta intensa fino a una vera e propria iperidrosi, che racconta come quell'individuo debba "raffreddare" il fuoco che divampa («Mi bruciano le mani dalla voglia di dargli un ceffone...»). La mano è l'apparato del contatto, della comunicazione, del prendere, dell'afferrare, del portare a sé. Su di essa si scarica tutta l'ambivalenza di ciò che si desidera, e contemporaneamente si teme e si vuole tenere lontano; essa può anche esprimere la paura di essere accettati o respinti... Talora l'ambiguità è tale dentro di noi, da ritrovare soggetti in cui una mano suda e l'altra è asciutta; oppure, quando, oltre all'acqua, il nostro corpo si serve anche del messaggio legato agli odori, individui in cui, sotto stress, un'ascella emana cattivo odore e l'altra no; o ancora cattivi umori e cattivi odori che esalano dall'inguine in situazioni legate a tensione emotiva in rapporto alla sessualità.

■ Il fuoco sul volto

Sempre parlando di pelle, sono assai comuni i rossori che compaiono su varie zone corporee. Prendiamo per esempio il rossore, compatto o a chiazze, che accompagna specifici stati emotivi e che si localizza al volto e alla parte alta del petto, caratteristico quello che interessa la zona della scollatura. È una reazione che di solito compare quando ci si "scalda" in modo sconveniente per qualcosa o per qualcuno, abbastanza comune quando si è in pubblico o in un inaspettato "tête-a-tête". In questo modo si evidenzia assai bene quanto teniamo a quel momento o a quella persona, segnalando con il rossore il fuoco emotivo che ci fa avvampare.

Un'aria bloccata e "cattiva"

Anche l'apparato digerente può essere sede di comportamenti anomali.

La formazione di gas intestinali, per esempio, in condizioni di tensione emotiva è relativamente comune. Essa esprime un trattenere dentro di sé una carica di tipo aggressivo.

Questa sintomatologia è descritta in molte concezioni mediche, sia occidentali che orientali. Da angolature diverse si fa riferimento a una interpretazione comune che vede la psiche (sinonimo di anima, soffio, respiro, energia vitale...) come un contenuto energetico che non fluisce per via naturale attraverso il naso e la bocca, ma che viene deviato e costretto in un contenitore improprio, l'intestino.

Quando quest'ultimo "parla" attraverso il meteorismo e la flatulenza, racconta di conflitti che si sono accumulati dentro di noi sino a creare tensioni... insostenibili.

■ Gli sbadigli "cronici"

Sempre al mondo aereo è legato un altro gesto inconscio: lo sbadiglio. Sbadigliare di continuo, senza riuscire a trattenersi – escludendo un'effettiva stanchezza fisica o psichica, oppure cause organiche quali certe intossicazioni – può esprimere, in ambito relazionale, il totale disinteresse per l'argomento trattato dai nostri interlocutori o per l'ambiente in cui ci troviamo, a dispetto degli sforzi che la nostra facciata "sociale" compie per dimostrare il contrario.

Lo sbadiglio "cronico" può anche mascherare uno stato di disagio a cui si vuole sfuggire rifugiandosi nel sonno o in uno stato di coscienza che a esso assomiglia.

Il classico colpo di sonno sembra avvicinarsi a una forma di "svenimento pilotato", un modo rapido di assentarsi da una situazione che crea malessere.

Inoltre, lo spalancare all'improvviso la bocca può evidenziare, in alcuni individui, la fantasia di possesso e di inglobamento, come se simbolicamente volessero "mangiare" le persone con cui vengono a contatto.

In questo caso non è forse presente il tema di molte favole legate al "lupo cattivo" che mangia con un sol boccone le persone che incontra?

Alcuni esempi clinici

■ Il sudore raffredda una "testa calda"

A Giacomo suda copiosamente il viso e soprattutto la fronte, specie quando si trova in un ambiente affollato o quando parla con qualcuno, anche se si tratta di amici, o sente che deve misurare e ponderare le cose che sta per dire o fare.

«Sono sempre stato una "testa calda" – dice di sé – ma non si può pretendere che gli altri ti accettino per quello che sei, perciò ho dovuto piano piano cambiare modo di fare e persino di vestire una volta entrato a far parte del mio ambiente lavorativo», che Giacomo descrive come particolarmente "freddo", dove ciò che conta è l'efficienza e la precisione. Alla base del disturbo che il paziente lamenta sembra esserci proprio questa sua diversità di temperamento rispetto alle richieste ambientali, e la sua incapacità di essere totalmente asettico e impassibile come lo si vorrebbe. Il sudore sembra così un tentativo di "congelare" gli slanci emotivi e creativi di Giacomo, che appaiono decisamente inadeguati in un mondo estremamente razionale, dove non c'è spazio per l'inventiva e la "calorosità" di cui il paziente sembra invece ricco.

Il recupero e l'accettazione della sua accentuata emotività e un drastico cambiamento nella situazione lavorativa segneranno contemporaneamente per Giacomo la fine del suo scottante problema.

■ L'aggressività borbotta nella pancia

Graziella da alcuni anni è afflitta da un problema piuttosto imbarazzante: «Specialmente quando sono fuori casa, in mezzo alla gente – in tram, a lezione, a casa di amici – o semplicemente quando mi sento osservata, avverto questo gorgoglio nella pancia, quest'aria che preme e che vuole uscire... Può immaginare il mio imbarazzo, e il mio timore che qualcuno si accorga di quello che mi sta succedendo...».

In effetti, per questo disturbo Graziella si è molto ritirata in se stessa, e si sente costretta a limitare all'indispensabile la sua vita sociale.

Persino la sua carriera scolastica comincia a risentire del suo stato, dal momento che Graziella, pur essendo molto diligente e preparata, affronta gli esami universitari con il terrore che la sua pancia... dica qualcosa di troppo.

Da una serie di colloqui e sedute di rilassamento emerge ben presto che il problema principale di Graziella risiede nel timore di dimostrare aggressività e iniziativa, vissute come moralmente poco accettabili e socialmente controproducenti.

Ma fornendo alla prorompente aggressività inconscia della paziente un terreno su cui muoversi più liberamente (dapprima soprattutto nell'immaginario, attraverso i sogni e le fantasie prodotte, ma via via anche nel reale), Graziella vedrà, insieme a una maggiore accettazione delle sue parti "pericolose", una netta diminuzione del suo fastidioso e dispettoso disturbo. Un significato simbolico molto vicino all'eccessivo meteorismo intestinale rivestono le eruttazioni frequenti, continue, involontarie, che si manifestano in presenza di altre persone. Queste vanno lette in genere come l'espressione di una parte istintuale – dalle valenze aggressive o di altro tipo – che si cerca di tenere a freno. Il manifestare rumorosamente, attraverso l'emissione di aria, queste componenti istintive represse, può inoltre avere il significato di un tentativo di liberarsi di qualcosa – situazioni, persone, ambienti – che ci opprime.

■ L'insicurezza infiamma il volto

Per Silvana (38 anni) l'arrossire costituisce davvero un problema.

«Si può dire che sia stata allevata nella bambagia – dice – e ciò mi ha reso timida, insicura, timorosa di dire o fare qualcosa di sbagliato.

Ogni cosa, ogni critica, mi lascia addosso il segno... D'altra parte, c'è sempre stato chi si dava da fare per me, che decideva per me, io al massimo dovevo dire di sì...Questo rossore sul petto e sul collo io me lo ricordo da sempre: mi succede soprattutto quando vorrei dire o fare qualcosa e non mi riesce». Nel corso della terapia, Silvana andrà recuperando una certa sicurezza interiore e la capacità di esporre le sue ragioni, con una grinta che aveva fino ad allora tenuto sotto chiave.

Il rossore tenderà così a manifestarsi, in forma sempre meno violenta, solo nelle occasioni in cui Silvana, messa un po' da parte la sua paura del giudizio altrui, si concederà di dare sfogo ai suoi risentimenti, e di esprimere finalmente con le parole e le azioni i suoi bisogni e le sue opinioni.

«Il rosso è il mio "colore di guerra" – dirà una volta Silvana – Ora lo metto in mostra solo quando sto per buttare fuori tutto quello che non mi va». E con il tempo, quando Silvana riuscirà a non "farsi lasciare addosso il segno" delle critiche e dei giudizi altrui, anche la sua maschera di guerra, ormai inutile, non farà più comparsa.

■ Con una faccia "da mostro" non ci si può far vedere

Un altro aspetto delle reazioni neurovegetative a livello cutaneo sono le orticarie e i pomfi, che sono in grado di deformare sensibilmente l'aspetto della cute, pur non avendo in genere la repentinità di comparsa propria degli eritemi semplici, e possono essere la spia di profondi problemi di adattamento.

Ne è un esempio il caso di Roberta, che lavora da qualche anno in una televisione privata, dove malgrado il suo carattere estremamente schivo e introverso è riuscita a farsi apprezzare per la qualità eccellente del suo lavoro. Quando però, in seguito a una promozione, Roberta passa da un ruolo secondario all'interno della struttura a uno di maggior prestigio, che la costringe a intensificare notevolmente le sue relazioni con altre persone, sempre più spesso capita che il suo volto si deformi e si deturpi a causa di un'orticaria.

Dopo una serie di esami clinici, si accerterà che Roberta è allergica... alla celluloide! Per sua stessa ammissione, emerge che il suo diventare "un mostro, brutta da far spavento" è un modo per evitare un ruolo lavorativo che sente inadatto al suo carattere chiuso e insicuro. Così brutta e repellente, infatti, sarà sicuramente inaccettabile agli occhi altrui, e avrà così un ottimo alibi per rinunciare al temuto contatto con gli altri, e per starsene chiusa nel suo guscio.

■ Quando il polmone parla... senza parole

Marcello ha 29 anni, almeno 15 dei quali caratterizzati da una tosse stizzosa, che lo assale soprattutto quando è nervoso o quando si trova in un ambiente nuovo, oppure ha a che fare con persone che ritiene più influenti e importanti di lui. «La tosse è quasi il mio biglietto da visita – spiega il paziente – Si può dire che da quando ero al liceo, io sono "quello della tosse"».

Piuttosto schivo, riservato, dall'aspetto tranquillo, Marcello scopre dopo alcuni colloqui con il terapeuta che finora ha cercato di trattenere e controllare la sua vitalità, la sua voglia di fare, la sua carica sessuale, nel timore che non venissero comprese e accettate dagli altri. In realtà però, la sua parte ribelle soffre molto per il timore di non riuscire a imporsi agli interlocutori, e di non saper tenere fino in fondo una linea di condotta personale e originale.

In questo contesto, la tosse incontrollabile di Marcello sembra rappresentare un preciso invito a "farsi sentire", a cercare di avere voce in capitolo. Sarà proprio su questo punto che verterà la terapia, mirata a fargli riacquistare la sicurezza nelle proprie forze istintuali e istintive e nelle proprie opinioni, e a saperle sostenere ed esprimere in modo costruttivo, senza doverle più soffocare in gola.

I tic: una sintesi tra desiderio e paura

Con il termine "tic" si intendono degli atti involontari, rapidi e ripetitivi, che in parte sono influenzati dallo sforzo cosciente di controllarli, che non hanno una finalità apparente e solitamente sono preceduti da un impulso irresistibile a compierli. In genere si riducono quando si è distratti e scompaiono nel sonno.

L'età in cui i tic insorgono con maggiore frequenza è intorno ai 6-7 anni; raramente compaiono prima dei 4 o dopo i 14 anni. Se ne riscontra una netta prevalenza (3 a 1) nel sesso maschile e si segnala anche, nel 20% circa dei casi, una familiarità per questo tipo di disturbo. Meno del 10% dei bambini "ticcosi" lo rimane da adulto. In genere, il miglioramento avviene nell'età puberale.

I tic possono avere un doppio significato: individuale, perché esprimono in forma deviata una scarica pulsionale primitiva altrimenti non accettata dalla coscienza; e collettivo, perché rappresentano una risposta di massa di fronte, per esempio, all'educazione dominante di un'epoca, e si manifestano quasi come fenomeni epidemici. Si pensi al Medio Evo e a tutti i movimenti del corpo allusivi a una sessualità rimossa piuttosto che a quelli presenti in epoca vittoriana caratterizzati da crampi al collo e al dorso, connessi a un erotismo di tipo omosessuale.

La parola "tic" è una parola onomatopeica, vale a dire che imita un rumore di breve durata, e il termine si ritrova pressoché invariato nelle differenti lingue europee.

Le varie forme

Si distinguono generalmente tre forme principali di tic:

- tic benigni infantili, transitori, che rappresentano la maggioranza dei casi osservabili in ambito pediatrico; regrediscono spontaneamente entro sei mesi dalla loro comparsa;

• tic che sono espressione di sintomi nevrotici o isterici;
• sindrome di Gilles de la Tourette (chiamata anche "malattia dei tic"), consiste nella presenza di tic multipli, che hanno una sequenzialità e una modalità di presentazione rituale, e sono talvolta accompagnati in modo compulsivo e del tutto incontrollabile dalla pronuncia di parole e/o da gesti osceni.

Le localizzazioni più frequenti

La contrazione muscolare che è alla base dei tic può coinvolgere soltanto poche fibre, oppure essere più diffusa, e può interessare la muscolatura volontaria di qualunque parte dell'organismo.

In effetti, però, le aree più colpite sono i distretti superiori del corpo e in particolare il volto e il collo. In genere, i tic tendono a ripetersi stereotipatamente in una stessa persona, interessando dunque sempre le stesse parti del corpo.

Talvolta, essi si "spostano" nel tempo da una zona all'altra, oppure ne compaiono di nuovi accanto a quelli già esistenti. I tic di più comune osservazione si possono raggruppare come segue:

• volto: ammiccare, aggrottare o sollevare le sopracciglia, fare smorfie, protrudere la lingua;
• testa: scuotimenti e deviazioni del capo;
• arti superiori: sollevare una o entrambe le spalle, eseguire dei grattamenti;
• tronco: flessioni, rotazioni;
• fonatori: schioccare la lingua, grugnire, fare versi;
• complessi: che prevedono la presenza contemporanea di due o più tic sopraelencati.

Probabili origini

Curiosamente, si è rilevato che talvolta l'esordio dei tic nei bambini è legato a malattie o interventi chirurgici a carico delle prime vie aeree (tonsillectomia, adenoidectomia). Essi rappresenterebbero essenzialmente una reazione motoria all'ansia, mentre per la psicodinamica i tic sarebbero espressione di un'auto-repressione di desideri aggressivi o di un sintomo di natura isterica in soggetti immaturi.

L'ipotesi organicista punta invece a una disfunzione dei nuclei basali dell'encefalo, in seguito a trauma o intossicazione; si ipotizza poi, soprattutto per la sindrome di Gilles de la Tourette, un'ipersensibilità delle cellule cerebrali ad alcuni neurotrasmettitori, quale per esempio la dopamina.

Mangiarsi le unghie: una masturbazione repressa

Pensiamo per esempio all'onicofagia (il mangiarsi le unghie), così frequente nei bambini, proprio quando le prime pulsioni sessuali cominciano a venire a galla.

È dimostrato dall'analisi di chi ne soffre, che l'onicofagia come la tricotillomania (impulso ad accarezzarsi i capelli e strapparseli), sono comportamenti legati alla masturbazione repressa.

I tic dell'occhio: far "l'occhiolino"

Vi sono casi frequentissimi in cui il tic si manifesta con una chiusura rapida delle palpebre, sia di un occhio che di entrambi, come anche di un allargamento spasmodico della rima palpebrale.

"Far l'occhiolino" significa che tentiamo di cancellare, con la chiusura ripetuta delle palpebre, la visione di "scene proibite", probabilmente connesse con fantasie "inguardabili".

Oppure, strizzando ripetutamente entrambi gli occhi, cerchiamo di "vederci più chiaro", là dove la vita ci presenta una prospettiva esistenziale piuttosto confusa.

Nel caso in cui il tic porti a "spalancare" cronicamente gli occhi, siamo di fronte a uno spavento non superato, magari sperimentato da piccoli.

Fare le boccacce

In altri tic è coinvolto il gioco involontario dei muscoli facciali, per cui alcune persone stirano spasmodicamente le labbra quasi in un riso forzato, altri ancora arricciano ripetutamente il naso e lo muovono verso il basso tendendo la bocca. In tutti questi casi il movimento forzato rimanda alla comunicazione un po' primitiva dei bambini prima che acquisiscano l'uso della parola.

Infatti vi è un rapporto molto stretto tra questi tic e la mimica dei piccoli, le cosiddette "boccacce". I bambini amano "far boccacce" per esprimere i loro sentimenti di ostilità e quindi per spaventare i loro interlocutori.

I tic "animali"

In alcuni tic si possono rintracciare componenti più arcaici, addirittura filogenetici; basti pensare alla contrazione ripetuta della punta del naso, come se si stesse annusando in continuazione, tipico di alcuni mammiferi (conigli), oppure allo stiramento delle labbra che mette in mostra la dentatura, come il digrignare i denti dell'animale in pericolo.

Altri tic coinvolgono i muscoli auricolari determinando un movimento involontario del padiglione auricolare verso l'alto. Questo riflesso è presente negli animali che tendono le orecchie per ascoltare i suoni e poterli distinguere.

«Scrollo le spalle perché mi dai fastidio»

Vi sono poi quegli strani tic motori per cui l'individuo è costretto ad alzare bruscamente una spalla o entrambe, suscitando così nell'interlocutore la sensazione di un diffuso disinteresse per la discussione.

È come se l'individuo volesse "scrollarsi" di dosso un obbligo morale che lo spinge a sopportare una situazione sentita come oppressiva. In fondo tutti noi, quando vogliamo dimostrare un disinteresse per una situazione troppo costrittiva, alziamo le spalle per affermare la nostra autonomia; ora, questa strana manovra non assomiglia forse, come riflesso filogenetico, a quella di alcuni animali che si scrollano il pelo quando qualcosa d'improvviso li ha turbati?

Se facciamo una semplice esperienza con un gatto che sta sonnecchiando e lo svegliamo bruscamente con un rumore, osserviamo che l'animale dopo essersi assicurato che non ci siano pericoli nell'ambiente, si scrollerà il pelo, proprio come quando inavvertitamente alcune gocce di acqua lo bagnano.

Nell'animale sia le gocce di pioggia che lo stimolo sonoro determinano un turbamento: l'esigenza di liberarsene farà sì che l'animale metta in atto comportamenti riflessi di scuotimento. Cioè si scrolla di dosso qualcosa che ha stimolato il suo pelo, così come si scrolla di dosso un'emozione di paura o aggressività.

La balbuzie: come e perché si balbetta

La balbuzie non è una malattia, ma un sintomo che consiste in una interruzione del normale flusso del linguaggio. Il bambino o l'adulto, pur sapendo esprimersi normalmente, non riescono a farlo a causa di una volontaria ripetizione, o prolungamento o cessazione nell'emissione delle sillabe. Per quanto riguarda l'età di insorgenza le statistiche pongono al primo posto la fascia fra i tre e i sette anni.

Anche le balbuzie che si manifestano durante l'adolescenza rivelerebbero precedenti infantili, celati o sottovalutati dai genitori. Esistono poi casi di balbuzie post-traumatiche più facilmente spiegabili, e altri ancora in cui l'età d'insorgenza coincide con l'inizio della scuola, dove quindi la causa della balbuzie è facilmente identificabile.

Lo stato d'ansia che caratterizza chi balbetta è generato dal conflitto tra il desiderio di parlare e quello di tacere per paura dell'insuccesso, dello scherno o della punizione.

La balbuzie si differenzia in:

- "cronica", caratterizzata dalla ripetizione convulsa delle sillabe;
- "tonica", che consiste in blocchi improvvisi e parossistici dell'emissione delle parole;
- "mista", in cui ripetizioni e blocchi si sommano.

Tipico è l'atteggiamento corporeo di chi balbetta: è caratterizzato da uno stato di estrema tensione muscolare e da continui movimenti delle più svariate parti del corpo (muscoli del collo e delle gambe).

Neurofisiologicamente, sia la forma tonica che la cronica sono descrivibili come un'alterata coordinazione e organizzazione dei movimenti respiratori e fonatori, ma questa interpretazione strettamente neurologica è limitativa.

Molto più frequentemente il danno neurologico è decisamente minimo o addirittura inesistente, e il sintomo nasce più semplicemente da disagi dello sviluppo emotivo e sessuale.

In questi casi il sintomo risulta l'espressione di uno stato emotivo difficile e allo stesso tempo come la difesa da questo. Infatti, la difficoltà nel linguaggio permette a chi balbetta di controllare la violenza e l'irruenza dei propri sentimenti.

Da un lato, le persone che balbettano frenano, attraverso il controllo, i propri sentimenti aggressivi, ma dall'altro li esprimono indirettamente attraverso lo stato generale di tensione che accompagna questo sintomo.

Gemelli e mancini sono a rischio?

Sembrerebbe che la percentuale di balbuzienti sia ben più elevata nelle coppie di gemelli, e che questa percentuale aumenti nel caso di gemelli monoovulari.

Altra situazione particolare è il mancinismo, che pare accompagnarsi con una discreta frequenza alla balbuzie. Rimane però aperto il quesito se il mancinismo sia davvero concomitante con la balbuzie, fino a costituire una vera e propria sindrome, o se invece la balbuzie non si instauri o aumenti di gravità per una condotta educativa errata dei genitori e degli insegnanti di bambini mancini.

Sono i genitori la causa dei problemi

Quando la balbuzie (ma anche i tic e i disturbi neurovegetativi) si presenta nei bambini, quasi sempre sono i genitori ad avere un ruolo cardine nella genesi del problema. Per questo la terapia non può prescindere dal coinvolgimento della famiglia.

Spesso si tratta di un conflitto palese o latente con le figure dei genitori o con una di esse: una forte competizione con la mamma, il tentativo di essere uguale o più in gamba del papà, le aspettative eccessive da parte di chi ci è vicino, il bisogno di farsi notare...

Questi conflitti poi, diventano più espliciti con l'avanzare dell'età, e si manifestano sempre più frequentemente con sintomi legati al corpo: balbuzie, tic, agitazione psicomotoria... ma anche eccessi febbrili, dolori gastro-intestinali sine causa, crisi di broncospasmo, e ogni fase di crescita e maturazione (tipica è l'età dello sviluppo) che porta con sé una nuova, potenziale situazione conflittuale. Si tratta, in genere, di un S.O.S. senza parole.

Da un lato si possono considerare tentativi, purtroppo inefficaci, di ristabilire una stato di benessere psicofisico, di riequilibrare le forze emotivo-affettive che il bambino non è in grado di elaborare in altro modo.

Infatti, solo quando il piccolo si riappropria e utilizza degli strumenti di elaborazione del suo conflitto primitivo, i sintomi scompaiono, a volte anche improvvisamente.

Dall'altro lato, quegli stessi sintomi si possono anche leggere come messaggi, come richieste di intervento per modificare il rapporto con le persone con le quali il bambino è in conflitto.

Appendice
Passo dopo passo: gli esercizi

Passo dopo passo: gli esercizi

Questa appendice è dedicata agli esercizi utili per le tipologie illustrate nel capitolo Passo dopo passo scopri chi sei (pag. 33 e seg.)

Tipologia che "non sente il vento"

Se ti sei riconosciuto nel tipo che *non sente il vento,* probabilmente hai un'elasticità che assomiglia a quella della canna di bambù. Per riconoscerti in quest'immagine e rinforzarla dentro di te fai il seguente esercizio:

1) Mettiti in piedi, con le gambe allargate e leggermente flesse, le braccia lungo i fianchi e le spalle morbide; immagina che il vento ti spinga il bacino verso destra (fig.1a) e che il tronco, le spalle, la testa lo seguano (fig.1b).

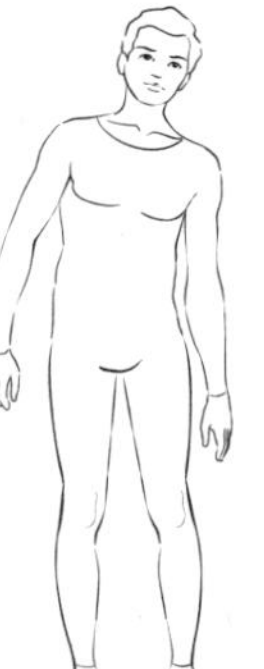

Fig.1a

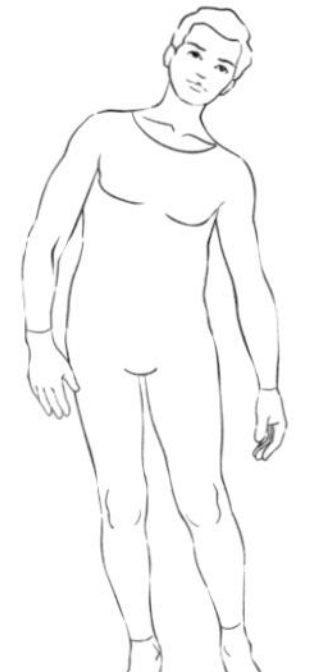

Fig.1b

Ripeti verso sinistra e continua alternando il movimento 4 o 5 volte Divertiti ripetendo lo stesso esercizio, immaginando che il vento spinga anche le altre parti del corpo. Se l'esercizio è stato per te di semplice esecuzione, appartieni sicuramente alla tipologia che *non sente il vento*, con una buona elasticità molto simile alla canna di bambù.

Ti sei sentito invece impacciato? Hai avvertito delle tensioni a livello lombare o delle spalle? Anche se appartieni al tipo che *non sente il vento*, sei fra quelli che rischiano di indurirsi e, quindi, di non sapersi modificare in occorrenza di venti esterni. Ecco allora che ti proponiamo degli esercizi per uscire dal problema senza perdere per questo le tue sicurezze.

2) In piedi, gambe aperte e ginocchia leggermente piegate, braccia e spalle morbide, orienta il tuo sguardo verso un punto fisso davanti a te; oscilla le braccia verso destra e sinistra per 10 volte (fig.2).

3) All'ultima oscillazione dell'esercizio precedente, utilizza lo slancio delle braccia per girare su te stesso in senso orario e, subito dopo, in senso antiorario tornando poi alla posizione iniziale (fig.3).

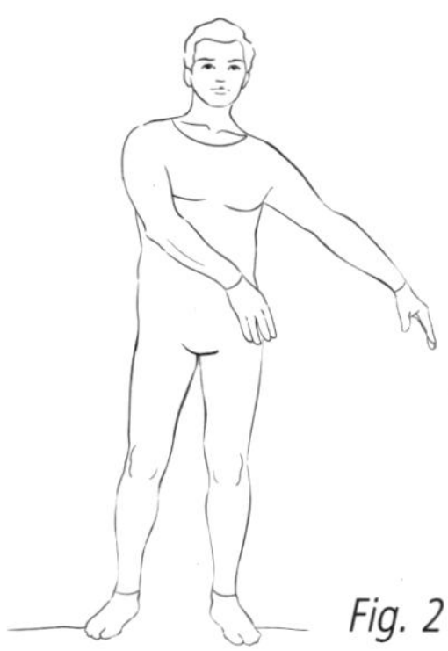

Fig. 2

Fig. 3

Fai tre passi in avanti, fermati, sposta verso destra la testa inclinando il tronco e accompagna con un passo, anch'esso verso destra, l'uscita laterale del corpo; da lì, spostando prima il bacino poi le spalle e la testa rientra al punto di partenza. Fai altri tre passi avanti e ripeti l'uscita laterale, questa volta verso sinistra. Gli esercizi proposti ti danno la possibilità di essere più elastico, di sperimentare direzioni diverse senza paura di spostare il tuo asse, pur mantenendo dentro di te la centralità che ti è propria, così come l'esercizio di *dance therapy* che ti proponiamo qui sotto.

4) Disegna a terra con un gessetto un grande cerchio. Alla musica di una nenia orientale inizia a girare su te stesso in senso orario, compiendo intanto un giro di rivoluzione anch'esso in senso orario sulla circonferenza del cerchio. Torna al punto di partenza, fermati e ascolta il corpo a occhi chiusi. Fai un altro giro, questa volta in senso antiorario girando contemporaneamente su te stesso anche qui in senso antiorario. Finito il giro, fermati e ascolta il tuo corpo. Questo esercizio serve per sentire che riesci a mantenere la tua centralità. L'incapacità tipica di chi si è riconosciuto nel tipo che *non sente il vento* di cambiare per timore di perdere il proprio centro di riferimento, viene qui affrontata, spostando il proprio asse in modo ordinato così da non averne paura.

Tipologia "controvento"

Il tipo *controvento*, per essere vincente, deve modificare il proprio atteggiamento. Gli esercizi che proponiamo sono una via per sperimentare posture e movimenti che simbolicamente richiamano il saper accettare altri "venti" senza per questo perdere la propria autonomia.

1) In piedi con le gambe leggermente aperte e le braccia lungo i fianchi. Respira lentamente e sposta il peso del tuo corpo in avanti sulle punte, immaginando che ci sia un vento che soffia da dietro e ti sposta dolcemente il corpo (fig. 1a). Ora il vento cambia direzione e ti spinge all'indietro; non contrastarlo come è tua abitudine ma arrenditi a esso e porta il tuo peso sui talloni (fig. 1b).

Fig. 1a

Fig. 1b

2) Ritorna alla posizione iniziale e immagina ora che il vento soffi lateralmente, prima da una parte e poi dall'altra (fig. 2). Ecco allora che sentirai che il tuo corpo si sposta prima verso destra e poi verso sinistra. Ripeti l'intera sequenza (in avanti, indietro, di lato) per quattro volte. Con questo esercizio puoi comprendere che, anche se soffia un vento contrario, non sempre è necessario contrastarlo e vincerlo; inoltre puoi iniziare a sentire l'esistenza di altre direzioni del vento e come il tuo corpo, oscillando, può adeguarsi a queste ultime.

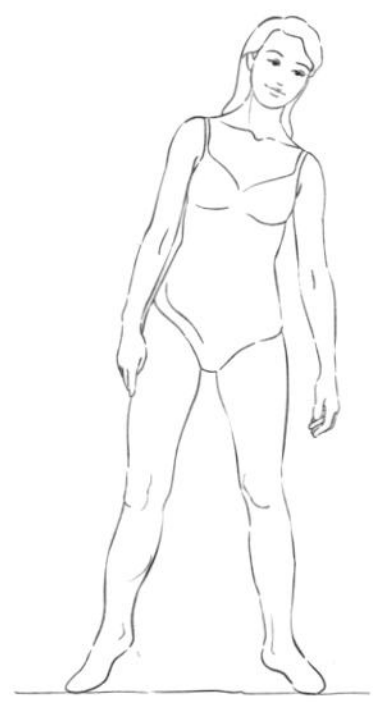

Fig. 2

3) Poiché quando cammini il tuo bacino è poco mobile, ti potrà essere utile scoprire le molteplici possibilità di movimento di questa parte di te. In piedi, gambe leggermente divaricate, mani suoi fianchi e spalle ferme, fai ruotare il tuo bacino come a disegnare un cerchio nell'aria (fig. 3). Ripeti in senso inverso e fai l'esercizio per una decina di volte.

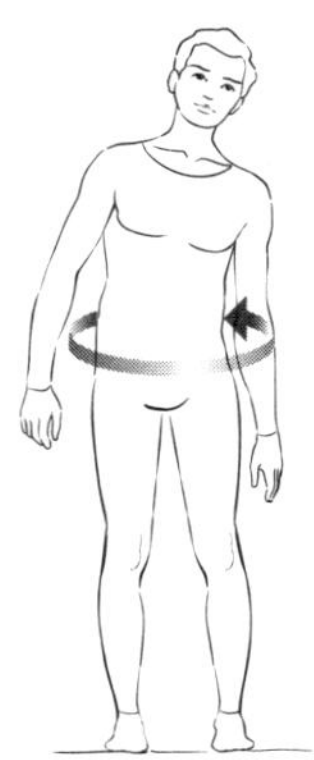

Fig. 3

4) Ora ti suggeriamo un esercizio che ti serve per sperimentare come si raggiunge un obiettivo lasciandosi trasportare con l'aiuto di una forza esterna. Mettiti in piedi al centro della tua stanza, poniti una meta da raggiungere, per esempio alla tua sinistra, e immaginando di essere come una barca a vela lascia che il vento ti gonfi da destra fino a spingerti verso il traguardo. Divertiti a scegliere altri obiettivi cambiando via via le direzioni nello spazio fino a quando, scegliendo una meta davanti a te, sentirai di poterlo fare con il *vento in poppa*.

5) Esercizio a croce: alza la gamba destra lateralmente fino al punto di perdere l'equilibrio verso sinistra.

Al momento del cedimento del punto di equilibrio, incrocia rapidamente la gamba destra con la sinistra, e con le ginocchia flesse fai altri due passi verso sinistra, sfruttando l'accelerazione naturale che il corpo ha acquisito.

Fermati con le gambe unite. Poi alza la gamba sinistra e rifai lo stesso movimento sopra descritto verso destra. Alza successivamente la gamba destra in avanti fino a perdere l'equilibrio all'indietro, fai tre passi veloci all'indietro e fermati con le gambe unite. Poi alza la gamba sinistra in avanti e ripeti lo stesso movimento. Alza ora la gamba destra dietro fino a perdere l'equilibrio verso l'avanti, fai tre passi veloci in avanti e fermati con le gambe unite. Poi alza la gamba sinistra dietro e ripeti lo stesso movimento. Ogni volta che ti fermi con le gambe unite cerca di sentire la "centralità" del corpo: ciò richiamerà per analogia una centralità interiore, che è individualità e autonomia.

L'idea è che, perdendo l'equilibrio, si possa "cedere", "arrendersi": quando quel vento soffia non bisogna né contrastarlo, né cercare di vincerlo ma invece seguirlo, adeguarsi pur restando se stessi.

Tipologia "vento in poppa"

Quando il soggetto *vento in poppa* deve attingere alle proprie energie fisiche vive un momento di stanchezza: può essergli utile sperimentare che il reclutamento delle proprie energie può rivelarsi piacevole e privo di fatica. Ecco dunque semplici esercizi progressivi per raggiungere questo scopo.

1) Sdraiato a terra, supino, gambe piegate con i piedi vicini appoggiati a terra. Caricati della tua energia, inspirando profondamente ed espirando a labbra socchiuse lentamente. Ripeti 2 o 3 volte. Ora comincia a sollevare il bacino e la schiena fino a dove puoi, quindi in questa posizione respira profondamente e nota il tuo sforzo: ciò serve a farti conoscere la forza che hai in te (fig. 1). Mantieni la posizione per qualche secondo e comincia a scendere lentamente fino a tornare alla posizione di partenza. Ripeti per altre 4 volte.

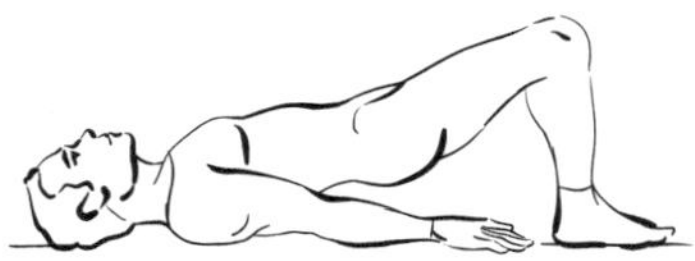

Fig. 1

2) Mettiti di fronte a una parete e appoggiaci sopra le tue mani, distanti tra loro quanto l'ampiezza delle spalle. Ora inspira profondamente e durante l'emissione d'aria spingi con forza contro il muro come se dovessi vincere la resistenza di un ostacolo (fig. 2).

Poni l'attenzione sull'intensità della tua spinta che, gradualmente, aumenterai fino a sentire che spingi con tutta la forza che ti appartiene. Ripeti molto lentamente per cinque volte.

Fig. 2

3) In piedi appoggiato con la schiena alla parete, fletti le ginocchia lasciando che il tuo peso ti porti verso il basso fino a sederti sui talloni, ma continuando a sentire l'appoggio rassicurante della tua schiena contro il muro (fig. 3). In questa situazione riempi d'aria i polmoni e, mentre espiri, spingi forte con i piedi, sali lentamente, provando la piacevole sensazione di aver utilizzato la tua forza per la risalita.

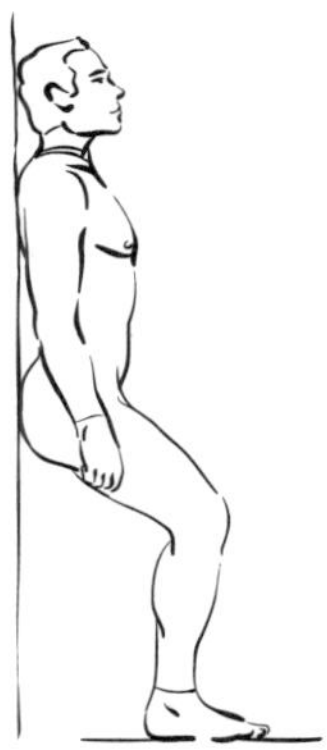

Fig. 3

4) Esperienza del rimbalzo: appoggia un materasso contro il muro. Poi, con una piccola rincorsa di 3-4 passi, arriva in velocità, con le braccia in avanti e i gomiti flessi, al materasso utilizzandolo come una sorta di respingente.

Sull'effetto di questo rimbalzo, gira di 180° e torna a correre velocemente nella direzione opposta i 3-4 passi; rigirati di 180° e ricomincia per un certo numero di volte. I passi di corsa devono essere rapidi ed elastici: la rincorsa e l'impatto contro il materasso vanno sfruttati al meglio dal punto di vista dinamico. La rincorsa in direzione del materasso e dopo l'impatto, se veloce ed elastica, riporta il corpo in asse con il bacino sulla verticale invece che su un piano anteriore: questo esercizio tende a far muovere il soggetto *vento in poppa* un po' come il tipo *controvento*. Sarà inoltre un'esperienza che stimola energie sconosciute o a cui non sei più abituato sentendoti spesso molto stanco.

Dal punto di vista simbolico il senso dell'esercizio è quello di far vivere un momento maschile – sorta di "attacco" al materasso/muro – certamente molto attivo rispetto al tema simbolico portante del soggetto *vento in poppa* che è "femminile" e passivo nel suo essere con il bacino spinto in avanti.

Il movimento del bacino amplifica l'espressione delle tematiche "femminili" che sono bilanciate, nell'uomo, da un moto delle spalle più accentuato del solito.

Tipologia "controvento"

Il tipo *nessun vento* è come un'automobile che non spegne mai il motore nel timore di non riuscire più a riaccenderlo. Fatica anche a tenere il minimo, perchè vuol essere sempre pronto a scattare. Gli esercizi proposti qui di seguito mirano a... "fargli tenere tranquillamente il minimo".

1) In piedi, cammina liberamente nella tua stanza. Continuando a muoverti, quando vuoi, inspira profondamente portando in alto le braccia (fig. 1); trattieni il respiro contando fino a cinque e poi, espirando, lascia cadere le braccia lungo i fianchi. Ripeti per altre 5 volte. Con questo esercizio il tipo *nessun vento* impara a sentire quanto pesa il suo corpo e come le braccia possano alleggerirsi liberandole dai pesi senza per questo doversi fermare.

Non solo. Prova anche una piacevole sensazione di leggerezza quando si libera dal peso delle braccia, senza per questo doversi fermare.

Fig. 1

2) Andremo ora a fare un lavoro analogo, interessando gli arti inferiori. Sdraiati per terra a pancia in su e solleva entrambe le gambe (fig. 2a), puoi muovile per un minuto, come a pedalare nell'aria, con la velocità che vuoi (fig. 2b).

Fig. 2a

Fig. 2b

Riposati appoggiando i piedi per terra e, dopo pochi minuti, ripeti l esercizio provando varie velocità. Rallenta sino a fermarti per poi ripartire.

Scegli la velocità che più ti aggrada e, d'ora in avanti, usala per i tuoi esercizi quotidiani. Il senso di questo esercizio è complementare al precedente; è possibile mantenere una certa attività anche in una situazione semi-passiva, quale quella sdraiata. Impariamo così a percepire l'attività muscolare anche stando fermi ma, soprattutto, senza dover andare al massimo "per star bene".

3) Esercizio di *isolation* per le varie parti del corpo.

Al suono di una musica di tipo tribale, inizia a piegare leggermente le ginocchia molleggiando ritmicamente: durante tutta l'esecuzione dell'esercizio continuerai a molleggiare in questo modo.

- Aggiungi la rotazione ritmica del capo dal centro verso destra, poi ancora al centro, poi a sinistra e ritorno per 8 volte.
- Alza e abbassa ritmicamente la spalla destra (8 volte), la sinistra (8 volte), e tutte e due (8 volte).
- Ruota ritmicamente la spalla destra (8 volte), la sinistra (8 volte) e tutte e due (8 volte).
- Sposta ritmicamente il bacino dal centro verso destra, poi ancora al centro, poi a sinistra e ritorno (8 volte).

• Sposta ritmicamente il bacino direttamente da destra verso sinistra e viceversa (8 volte).
• Ruota ritmicamente il ginocchio destro (scarico di peso) in senso orario e antiorario (8 volte), idem per il ginocchio sinistro.

Finite le varie parti del corpo, continua a molleggiare ritmicamente sulle ginocchia per qualche minuto.

Questo esercizio di danza serve per esplorare le possibilità motorie delle singole parti in una sorta di gioco ritmato; potrà "sveltire" il corpo alleggerendolo in un ritmo nuovo rispetto a quello tipico del *nessun vento*, che è lento, pesante. Inoltre, muovere in modo selettivo tutte le parti del corpo permetterà di liberare segmenti corporei che imprigionano le emozioni.

Tipologia "tutti i venti"

Per aiutare questi soggetti a mantenere il loro stile senza disperdere energie si propongono i seguenti esercizi:

1) In piedi al centro del letto, gambe leggermente divaricate, braccia lungo il tronco, conta fino a 6 piegandoti sulle ginocchia senza aiutarti con l'appoggio delle mani (fig. 1).

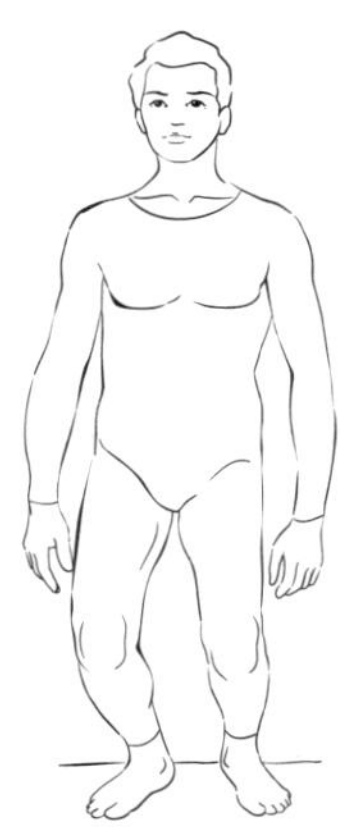

Fig. 1

Da questa posizione risali contando di nuovo fino a 6. Ripeti per quattro volte. Ripeti lo stesso esercizio più velocemente per altre quattro volte, contando questa volta solo fino a 3.

Questo esercizio serve a ritrovare una stabilità posturale nonostante il disequilibrio generale corporeo indotto dall'instabilità dell'appoggio.

2) Procurati una tavoletta di legno non più piccola di 30 cm di lunghezza, 20 cm di larghezza e 2 cm di spessore (tipo tagliere a uso domestico), e un bastone di legno (quello della scopa va benissimo). Ora metti per terra il bastone con sopra la tavoletta creando una piccola altalena. Metti il piede destro sul lato destro della tavoletta e il piede sinistro sul lato sinistro; ora gioca a spostare il peso verso destra e poi verso sinistra continuamente per circa 1 minuto (fig. 2).

3) Quando hai familiarizzato con l'esercizio, tenta di restare in equilibrio senza che le estremità della tavoletta tocchino per terra (fig. 3).

Questi esercizi ti aiuteranno a mantenere un equilibrio nell'instabilità.

Fig. 2

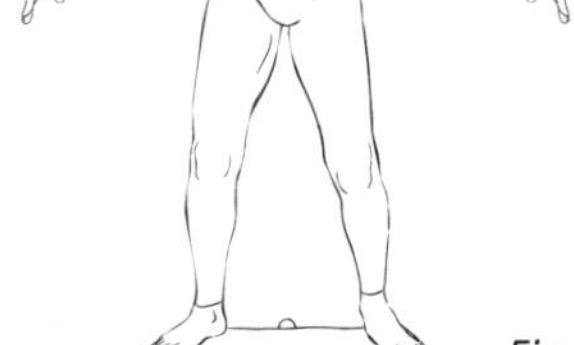

Fig. 3

4) Esercizio della Rosa dei Venti: in piedi, ascolta una musica ritmata. Porta il peso del tuo corpo sulla gamba sinistra (leggermente piegata) e ora allontana la gamba destra lateralmente; facendo perno sul piede sinistro ruota

verso destra di 90°, e poi riporta al centro la gamba destra; facendo ancora perno sulla gamba sinistra, ripeti il movimento per altre tre volte, tornando al punto di partenza. Si è fatta così una croce girando in senso orario da destra verso sinistra. Fai poi la stessa cosa girando in senso antiorario e facendo perno sulla gamba destra.

Il senso di questo esercizio è quello di far concentrare corpo e psiche su una pluralità di direzioni ben definite e determinate, evitando così ogni dispersione di energia; il tutto mantenendo un orientamento ben preciso, una stabilità definitiva, pur utilizzando nel movimento una modalità dinamica e molto ritmata.

Questa appendice è stata realizzata con la collaborazione di Giovanni Oliva, fisioterapista, responsabile dell'Area Riabilitativa dell'Istituto Riza di Medicina Psicosomatica, e di Paola de Vera d'Aragona, Dance Movement Therapist, docente dell'Istituto Riza.

BIBLIOGRAFIA

Argyle, M.: *Il corpo e il suo linguaggio*, Bologna, Zanichelli, 1975
Bertherat, T.I.: *Guarire con l'antiginnastica*, Milano, Mondadori, 1979
Bertherat, T.I.: Bernstein, C: *Nuove vie dell'antiginnastica*, Milano, Mondadori, 1981
Boadella, D.; Liss, J.: *La psicoterapia del corpo*, Roma, Astrolabio, 1986
Downing, G.: *Il corpo e la parola*, Roma, Astrolabio, 1995
Dubois, P.: *Rhetoriques du corps*, Bruxelles, De Boeck, 1988
Dychtwald, K.: *Psicosoma*, Roma, Astrolabio, 1978
Galimberti, U.: *Il corpo*, Milano, Feltrinelli, 1983
Gedun, C.: *Kamasastra*, Roma, Astrolabio, 1995
Groddeck, G.: *Questione di donna*, Milano, Guanda, 1981
Groddeck, G.: *Nasamecu*, Milano, Celuc Libri, 1983
Groddeck, G.: *Carteggio Freud-Groddeck*, Milano, Adelphi, 1973
Groddeck, G.: *Il libro dell'Es*, Milano, Adelphi, 1969
Groddeck, G.: *Il linguaggio dell'Es*, Milano, Adelphi, 1969
Herskowitz, M.: *The Body Therapies*, in "The Journal of Orgonomy", vol.13, n.1, 1979
Kurtz, R.: Prestera, H.: *Il corpo rivela*, Milano, SugarCo, 1978
Lowen, A.: *Il linguaggio del corpo*, Milano, Feltrinelli, 1984
Morris, D.: *L' uomo e i suoi gesti : la comunicazione non-verbale nella specie umana*, Milano, Mondadori, 1978
Murphy, G.: *Sommario di Psicologia*, Torino, Boringhieri, 1976
Pease, A.: *Leggere il linguaggio del corpo*, Milano, Mondadori, 1993
Reich, W.: *La funzione dell'orgasmo*, Milano, SugarCo, 1977
Reich, W.: *Ascolta, piccolo uomo*, Milano, SugarCo, 1979
Romano, C.: *Corpo itinerario possibile*, Teramo, Giunti e Lisciani editori, 1988
Schilder, P.: *Immagine di sè e schema corporeo*, Milano, De Angeli Editore, 1973
Tamba, Y.: *Il tao del sesso – Ventottesima sezione del Libro delle prescrizioni mediche*, Roma, Ubaldini, 1971
Van Lysebeth, A.: *Tantra – L'altro sguardo sulla vita e sul sesso*, Milano, Mursia. 1988
Vatsyayana, M.: *Kamasutra*, Milano, Mondadori, 1999

ISBN 88-7071-085-8

Finito di stampare nel mese di maggio 2005
per conto delle Edizioni Riza S.p.A.
da A.G.G. Printing Stars S.r.l.
Corso Ferrero, 5 - Farigliano (CN)